DENECKE · GOETHES HARZREISEN

ROLF DENECKE

Goethes Harzreisen

Mit 5 Zeichnungen von Johann Wolfgang Goethe
und 6 Zeichnungen von Georg Melchior Kraus

3. Auflage · 1991

Verlag August Lax Hildesheim

Die Veröffentlichung der Zeichnungen von Goethe
und Kraus erfolgte mit Genehmigung
der Nationalen Forschungs- und Gedenkstätten
der klassischen deutschen Literatur,
Weimar.

CIP-Titelaufnahme der Deutschen Bibliothek

Denecke, Rolf:
Goethes Harzreisen / Rolf Denecke. Mit 5 Zeichn. von Johann Wolfgang Goethe
und 6 Zeichn. von Georg Melchior Kraus. — 3. Aufl. — Hildesheim: Lax, 1991
    ISBN 3-7848-8199-8 kart.
    ISBN 3-7848-8200-5 Gb.

Gesamtherstellung: Lax Hildesheim
© Verlag August Lax Hildesheim

INHALT

ZU DIESEM BUCH

Goethe hat seine Reisen zumeist selbst geschildert, am ausführlichsten die italienische. Die für den Dichter kaum weniger bedeutsamen drei Harzreisen bilden eine Ausnahme, denn nur über die erste hat er lediglich teilweise und zudem aus großem zeitlichen Abstand geschrieben. Die Lücke haben Friedrich Dennert und Friedrich Dietert — merkwürdigerweise beide 1920 — geschlossen, jedoch sind ihre Bücher seit langem vergriffen. Die folgende Darstellung will nach Jahrzehnten Fehlendes ersetzen. Das erscheint auch deshalb notwendig, weil vor kurzem mehrere neue Werke über Goethes Reisen erschienen sind, die großen Anklang gefunden haben; aber auch in ihnen fehlen die Harzreisen.
Dieses Buch wendet sich nicht allein an Goethefreunde und Harzer, es möchte vielmehr auch den weit größeren Kreis derer ansprechen, die alljährlich zu Hunderttausenden das nördlichste deutsche Mittelgebirge aufsuchen, um sich zu erholen und zu entspannen. Viele von ihnen dürften den Wunsch haben, sich mit der Landschaft des Harzes und seiner Geschichte vertraut zu machen, insbesondere wenn sie auf entsprechende Spuren oder Hinweise treffen. Da wandern sie beispielsweise auf einem „Goetheweg". Wie ist der Name zu erklären? An anderer Stelle erinnert eine Gedenktafel an einen Aufenthalt des Dichters im Harz. Was hat es damit auf sich? Warum kam er in den Harz? Wie verliefen seine Harzreisen? Inwiefern wurden sie ihm zum Erlebnis? Welchen literarischen Ertrag brachten sie ihm? Die folgenden Kapitel geben Auskunft darüber.
Nicht von allen, die so fragen, kann erwartet werden, daß sie die Kenntnisse über Goethes Leben und vielseitiges Wirken besitzen, die zum vollen Verständnis seiner Harzreisen erforderlich sind. Ich habe daher im ersten Kapitel das Wesentliche über den Lebenslauf des Dichters bis zur ersten Harzreise zusammengefaßt und auch in den folgenden Kapiteln einleitend die für das Verständnis notwendigen biographischen Gegebenheiten mitgeteilt. Das geschah auch, um die Harzreisen weitgehender als bisher der Ganzheit, die das Phänomen Goethe darstellt, einzufügen. So ergibt sich eine wechselseitige Erhellung: Das Bild des Dichters gewinnt mindestens in

Einzelzügen an Deutlichkeit, und die Harzreisen werden vor allem in ihrer Motivation, aber auch in ihrem Verlauf und ihren Ergebnissen leichter begreifbar.

Schließlich sei noch darauf hingewiesen, daß im selben Verlag in ganz ähnlicher Aufmachung schon die von mir herausgegebenen *Romantischen Harzreisen* erschienen sind, die Aufzeichnungen von Eichendorff, Heine und Andersen mit Stichen von Ludwig Richter vereinigen; beide Bände ergänzen einander sinnvoll.

Dr. Rolf Denecke

Johann Wolfgang Goethe
Relief in Gips von Johann Peter Melchior (1775)

I

Goethes Lebensstationen bis zur ersten Harzreise

Wandern wir im Harz auf Goethes Spuren? Die Frage ist schnell beantwortet: Wir tun es vielerorts – bewußt, wenn wir uns auf einem von mindestens drei Goethewegen wissen, die es vom Torfhaus zum Brocken, bei Clausthal und in Ilfeld gibt; es geschieht unbewußt, wenn wir zufällig in unserem Gebirge auf einen Weg geraten, den der Dichter auf einer seiner Harzreisen entlang geritten oder gegangen ist.

Doch hier stellt sich sogleich eine zweite Frage: Wie nahe oder wie fern sind wir Goethe eigentlich, wenn wir uns heute, mehr als zwei Jahrhunderte nach ihm, gleichsam an seine Fersen heften, um ihm nachzufolgen? Goethe-Nähe oder Goethe-Ferne – zwei Begriffe unserer Zeit, die fast schon Schlagwörter geworden sind, meinen geistig-seelische Verbindungen, die wir zu Goethe haben oder nicht haben. Fehlen sie, so kann allein die Erinnerung an Goethes Harzaufenthalte an Orten und Stätten, die er besuchte, nicht befriedigen. Es gilt daher, die Motive aufzuspüren, die den Dichter veranlaßten, mehrmals in den Harz zu reisen, und sich auch mit den Werken vertraut zu machen, die unterwegs oder aus späteren Erinnerungen an das Erlebte entstanden sind.

Nun sind diese Beweggründe freilich derart, daß man sie nicht in wenigen Worten zusammenfassen kann; sie sind vielmehr nicht ohne die Kenntnis von Goethes Persönlichkeit zu verstehen und mannigfaltig mit seinem Lebensweg verquickt. Es soll daher der Beschreibung der Harzreisen ein biographisches Kapitel vorausgestellt werden.

Albert Bielschowsky leitete seine 1895 erschienene Goethe-Biographie mit einem Satz von Wieland ein, in dem dieser Goethe als den ,,größten unter den menschlichen Menschen'' bezeichnete, womit die ,,Vollständigkeit'' von Goethes Natur gemeint sei; Bielschowsky fährt fort: ,,Es mag Menschen gegeben haben, die einen schärferen Verstand, andere, die eine stärkere Energie, andere, die eine tiefere Empfindung, eine lebendigere Phantasie hatten, aber es hat ganz gewiß nie einen Menschen gegeben, in dem alle diese Seelenkräfte in gleich großem Maßstabe wie bei Goethe vereint gewesen wären. Und wiederum hat selten in einem seelisch so hoch entwickelten Individuum das Körperliche sich so selbständig geregt und das Geistige so innig durchdrungen.''

Nun bedeutet die ,,Vollständigkeit'' seiner Natur nicht von Anbeginn schon eine Harmonie, eine in sich ruhende Ganzheit; um sie hat Goethe vor allem in der ersten Hälfte seines Lebens hart gerungen. Immer wieder war er schweren inneren Erschütterungen ausgesetzt, mit denen es fertig zu werden galt. ,,Viele Leidende sind vor mir hingegangen, mir aber war die Pflicht auferlegt, auszudauern und eine Folge von Freude und Schmerz zu ertragen, wovon das Einzelne wohl schon hätte tödlich sein können'', schrieb er noch im hohen Alter dem Bildhauer Ch. D. Rauch. Daß er aber an schweren seelischen Belastungen nicht zugrunde ging, führte er selbst auf seine Fähigkeit zurück, das Erlebte zu gestalten: ,,Und wenn der Mensch in seiner Qual verstummt,/ gab mir ein Gott, zu sagen, wie ich leide'', heißt es im *Tasso*. Wir werden bei der Betrachtung der Harzreisen Beispiele dafür finden.

Aber die dichterische Aussage war nicht nur Selbstzweck, sondern zugleich Teil einer bewußten Lebensgestaltung, deren Ergebnis vielleicht sein hervorragendstes Kunstwerk gewesen ist.

FRANKFURT

Johann Wolfgang Goethe wurde am 28. August 1749 als ältestes von sechs Kindern in Frankfurt geboren; vier starben sehr jung, die Schwester Cornelia siebenundzwanzigjährig. Der Vater bekleidete das angesehene, aber mit keinen nennenswerten Pflichten verbundene Amt eines kaiserlichen Rates. Er hatte achtunddreißigjährig die 21 Jahre jüngere Tochter des Frankfurter Stadtschultheißen Textor geheiratet. Was wir von ihm wissen, ,,fügt sich zusammen zum Bild eines Mannes, dem es in einer sittenstrengen Aufklärung wohl war, der aufrecht, gerade, doch eben deshalb etwas schwer beweglichen Geistes, manchmal sogar . . . mit einem erstaunlich kühn behaupteten Eigensinn sein müßiges, zuerst behäbiges, dann, nachdem ihn die Kinder verlassen und Krankheit seine Tage trübte, verdrossenes Leben im Hause verbrachte''[1]. Der Vater des Dichters war zu rechtschaffen, um in der korrupten, sittenlosen Reichsstadt an maßgebender Stelle tätig zu werden, und kapselte sich und seine beiden Kinder nur zu gern ab.

Ganz anders die Mutter! Ihre Aufgeschlossenheit, die Kraft ihres Herzens, ihre Lebensfreude und ihr Wissen von diesen Eigenschaften kennzeichneten ihr Wesen, die Natürlichkeit ihrer Gefühle weckte in ihr die Überzeugung, ,,zur Mutter bestimmt zu sein, zur Mutter des größten Menschen der Neuzeit und zur Mutter überhaupt''[2]. Sie bedeutete dem Kinde die erste Heimat, dem Erwachsenen die ,,Urgestalt des Lebens''[3] und begründete

1 Staiger, Goethe, Bd. I, S. 21.
2 a.a.O., S. 23.
3 a.a.O., S. 24.

4

sein Verhältnis zur „Mutter Natur", bei der er immer wieder Zuflucht suchte, wenn er mit sich selbst ins reine kommen wollte; so auch, als er seine erste Harzreise antrat.

Natur! Auch von anderer Seite her wurde sie dem Kinde Erlebnis. Wie bei den meisten seiner Zeit war die Bibel, das Lieblingsbuch der Mutter Goethes, die erste Lektüre des Kindes, wobei ihn Naturschilderungen und Hirtenszenen besonders fesselten. So verschmolzen ihm schon früh Gott und Natur zu einer Einheit im Sinne seines späteren Pantheismus.

Natur! Lieblingsaufenthalt des Knaben im fast schon gar zu geräumigen Elternhaus am Großen Hirschgraben war ein Zimmer im zweiten Stock, von wo aus er über Gärten, Stadtmauer und Wälle hinweg in die Mainebene blicken konnte. Hier beobachtete der spätere Naturforscher Goethe Gewitter und andere Naturerscheinungen, hier empfand der spätere Dichter in der Abgeschirmtheit von der Welt erstmals Einsamkeit und Sehnsucht.

Natur! Aus der Naturbeobachtung entwickelten sich bereits im Elternhaus erste Anfänge jener Naturstudien und Naturforschung Goethes, die von 1780 an gegenüber geheimnisvoll inniger Naturdichtung immer deutlicher Vorrang gewinnen sollte. Nach dem vorwiegend vom Vater erteilten Unterricht untersuchte das Kind oft Blumen und Vögel, aber auch die Wirkung des Magnetsteins; er bastelte aus einem Spinnrad eine Elektrisiermaschine.

Ergänzend ist zum Wesen des Knaben zu sagen: „Ein ausgeprägtes Selbstbewußtsein, altkluger pädagogischer Eifer, ungewöhnliche, aber keineswegs wunderbare Begabung für Sprachen, ein ausgezeichnetes Gedächtnis und insbesondere ein vertrauensvoller, frischer, offener Sinn, dem etwas Schalkisches beigemischt ist: so stellt der kleine Goethe sich dar; so macht er sich überall rasch beliebt[4]."

Allgemein betrachtet man Goethes Kindheit mit dem Zeitpunkt der Wahl und Königskrönung Josephs II. im April 1764 als beendet. Kurz nach der Konfirmation war der bis dahin wohlbehütete Frankfurter Bürgerssohn Wolfgang Goethe in einen Kreis junger Leute geraten, die sich mit nicht immer ganz einwandfreier Gelegenheitsarbeit durchschlugen. Einem schönen Mädchen namens Gretchen galt seine erste leidenschaftliche Liebe – bis die Clique – der junge Goethe nicht ausgenommen – wegen mancherlei Vergehen von der Polizei vernommen wurde. Seine Unschuld war

4 a.a.O., S. 20.

schnell erwiesen, aber auch die Beziehung zu Gretchen, die ihn wie ein Kind behandelt hatte, war damit gelöst. Cornelia, die ein Jahr jüngere Schwester, tröstete den Verlassenen und „verkörpert das Weibliche in einer Gestalt, die für den Menschen und Dichter später nicht minder bedeutsam werden soll als die Mutter und die begehrte Geliebte"[5].

Allein der Aufruhr des Gemütes, den Gretchen hervorgerufen und der sogar eine körperliche Erkrankung Goethes bewirkt hatte, bedurfte noch jenes anderen Mittels zur Beruhigung, das sich nun zum erstenmal bewährte: er suchte in der Stille der Wälder die „Mutter Natur". Dabei beließ er es nicht bei bloßer Betrachtung, sondern er begann zu zeichnen. Der Vater förderte diese Beschäftigung, späterer Zeichenunterricht bildete das angeborene Talent aus, und Goethe sollte noch viele Jahre von dem Zweifel gequält werden, ob er zum Dichter oder Maler bestimmt sei. Wenn auch die Entscheidung zugunsten des literarischen Schaffens fiel, so beweist das umfangreiche graphische Werk – einige Harzer Skizzen finden sich in diesem Buch – ebenso wie die spätere wissenschaftliche Beschäftigung mit der Kunstgeschichte die immerwährende Freude des Dichters am bildnerisch Gestalteten. Nicht nur allein, sondern auch mit Freunden erlebte Goethe damals die Natur auf Ausflügen in die weitere Umgebung Frankfurts. Daneben widmete er sich mit zunehmendem Eifer der Vorbereitung seines Studiums.

LEIPZIG

Der junge Goethe hätte gern in Göttingen Geschichte und Sprachen studiert, doch fügte er sich dem Wunsch des Vaters, indem er im Herbst 1765 nach Leipzig abreiste, um sich dort bei der juristischen Fakultät zu immatrikulieren. Die Stadt, damals gern als Klein-Paris bezeichnet, war ganz von der ausklingenden Epoche der Aufklärung geprägt; man dichtete Schäferspiele und besang tändelnd-anakreontisch Liebe und Wein; das gesellschaftliche Leben einschließlich der Mode entsprach dem Stil des Rokoko. Goethe paßte sich an, aber er war nicht glücklich dabei. Die in Frankfurt gerade wiedererlangte Ausgeglichenheit schlug in Unzufriedenheit um. Großen Eindruck machte bezeichnenderweise ein Besuch der Dresdener Gemäldegalerie auf Goethe; dabei begeisterten ihn die Nieder-

5 a.a.O., S. 32.

länder am meisten. Unter den zeitgenössischen Dichtern bewunderte er Lessing; dessen hohe Meinung vom Volksstück *Doktor Faust* mag den Autor des *Götz von Berlichingen* auf die Dramatik eines Stoffes aufmerksam gemacht haben, der ihn ein Leben lang beschäftigte. Glücklich fühlte sich der junge Student im Zeichenunterricht bei Adam Friedrich Oeser. Während ihn dichterische Versuche – vorwiegend Nachahmungen der damals in Leipzig gepflegten Formen und Inhalte – nicht recht befriedigten, sah er sich von Oeser nicht nur in seiner zeichnerischen Fertigkeit gefördert, sondern er fand durch ihn auch einen ersten Zugang zur antiken Kunst.

Natürlich fehlten auch in Leipzig nicht die Freuden und Leiden der Liebe. „Überallhin brachte er ein liebebedürftiges Herz, überallher nahm er nach einigem Verweilen den Stachel einer tiefen Neigung mit"[6], faßt Viehoff Vergangenes und Künftiges nicht unzutreffend zusammen. In der Pleißestadt war Käthchen Schönkopf, Gastwirtstochter, drei Jahre älter als ihr stürmischer Verehrer, die Auserwählte. Sie war die erste, die sein problematisches Verhalten, um Liebe zu werben, aber seine Freiheit zu bewahren, zu spüren bekam. Im letzten Leipziger Jahr, dem dritten, litt er zunehmend unter diesem Zwiespalt, den er selbst herbeigeführt hatte, ließ seinen Unmut an der Geliebten aus und bezeichnete sich selbst in einem Brief an einen Freund als unausstehlichen Menschen.

Im Spätsommer 1768 kam zu dem seelischen Leiden ein körperliches. Goethe erlitt einen Blutsturz. Ohne sein Studium beendet zu haben, kehrte er ins Elternhaus zurück.

FRANKFURT

Noch lange – bis zu seiner Abreise nach Straßburg – fühlte sich Goethe körperlich nicht leistungsfähig und seelisch bedrückt. Während der langen Genesungszeit bemühte sich Susanna von Klettenberg, eine Freundin der Mutter, um den Heimgekehrten; sie führte ihn und Cornelia in einen pietistischen Kreis ein, dem die „schöne Seele" angehörte. Zeitweilig pflegten gleichgesinnte Männer den Patienten im Krankenzimmer, und der strenge Vater erlaubte Andachten in seinem Hause. Dennoch blieb der Sohn bei aller Sympathie, die er empfand und mit der man ihm begeg-

---

6 Viehoff, Goethe's Leben, 4. Aufl., I. Teil, S. 95.

nete, ein Außenseiter unter den Pietisten. Zwar hatte ihn der aufklärerische
Geist in Leipzig nicht befriedigt, aber auch die christliche Gedankenwelt
war nicht das, was der Enttäuschte suchte. Deshalb studierte er auch eifrig
alchimistische Bücher, die ihm die behandelnden Ärzte empfohlen hatten,
doch sollten die mannigfachen Einflüsse dieser anderthalb Jahre auf das
dichterische Schaffen nicht überschätzt werden; ,,der Weg von Leipzig
führt an den Frankfurter Leidensjahren vorbei in leichtem Anstieg nach
Straßburg hinüber''[7].

STRASSBURG

Nach aufgezwungenem Müßiggang gab Goethe im Frühjahr 1770 dem
Drängen des Vaters nach und zog, um sein Studium zu beenden, in die
Hauptstadt des Elsaß, noch immer nicht ganz gesund. Hier war alles ganz
anders als in Leipzig. Die herrliche Landschaft, die alte Stadt mit dem goti-
schen Münster begeisterten ihn. Auf einer Reise nach Saarbrücken fesselten
ihn erstmals geologische Besonderheiten, unter anderem der ganz aus Mu-
schelkalk bestehende Baschberg bei Zabern (frz. Saverne), und er sah
Eisen- und Kohlenbergwerke, ohne freilich zu ahnen, daß wenige Jahre
später eines seiner Arbeitsgebiete im Bergwesen liegen würde.
Mehr noch als der künftige Naturforscher wurde der Dichter angeregt.
Goethe lernte in Straßburg einen Kreis junger Poeten und Studenten kennen, unter ihnen Herder, und mit ihm die Bewegung, welche die Fort-
schrittsgläubigkeit der Aufklärung verwarf und anstelle der Vernunft die
schöpferische Urkraft des ,,ganzen Menschen'', das Genie, verherrlichte.
Leidenschaft löste die bisher verbindliche Moral ab, schöpferischer Einfalls-
reichtum ersetzte maßvolle Form, uneingeschränkte Freiheit überkommene
Bindungen aller Art. In der Sprache sah man nicht mehr nur ein Verständi-
gungsmittel, sondern ein Ausdrucksmittel der Seele in der Dichtung, der
,,Muttersprache des menschlichen Geschlechts''. Herder öffnete dem fünf
Jahre jüngeren Goethe die Augen für ihm bis dahin kaum bekannte Vor-
bilder wie Homer, Shakespeare, die Volkslieder; und er selbst begann, der-
artige alte Lieder zu Herders Sammlung beizusteuern, und fügte neu sein
Heidenröslein hinzu.
Dies und andere seiner schönsten Gedichte widmete er der dritten Toch-

---

7 Staiger, Goethe, Bd. I, S. 49.

ter des Pfarrers im nahen Sesenheim, Friederike Brion. Der junge Dichter ,,gibt jeden Vorbehalt preis. Er geht in dem leuchtenden Frühling auf; der Frühling geht auf in ihm. Die Stimmung seines Herzens und die Stimmung seiner Umgebung sind eins . . . Alles Wahrnehmbare ist seelisch und alles Seelische wahrnehmbar''[8]. Das *Mailied* ist schönstes Zeugnis dieser bewegten Zeit.

Im August 1771 bestand Goethe sein Examen – zerrissenen Herzens, weit mehr noch als beim Abschied von Käthchen Schönkopf mit sich selbst unzufrieden, verließ er Friedrike in der Überzeugung, daß eine Bindung an das geliebte Mädchen seine zur Entfaltung drängenden dichterischen Kräfte hemmen werde. Dieser Abschied schlug nicht nur Friederike, sondern auch Goethe nie mehr vernarbende Wunden. Während sie unverheiratet blieb, wird bei ihm die Stimme des Gewissens in späteren Stunden neuen Glückes nie mehr verstummen. In *Dichtung und Wahrheit* steht es so: ,,Eine solche jugendliche, aufs Geratewohl gehegte Neigung ist der nächtlich geworfenen Bombe zu vergleichen, die in einer sanften glänzenden Linie aufsteigt, sich unter die Sterne mischt, ja, einen Augenblick unter ihnen zu verweilen scheint, alsdann aber abwärts, zwar wieder dieselbe Bahn, nur umgekehrt, bezeichnet und zuletzt da, wo sie ihren Lauf geendet, Verderben hinbringt''[9]. Gretchen im *Faust* ist nur eine von mehreren dichterischen Verkörperungen Friederikes.

FRANKFURT

Nach Frankfurt zurückgekehrt, ließ sich Goethe als Rechtsanwalt nieder. Der Vater half ihm, doch die Arbeit war sehr bald recht ungleich verteilt, und zwar zu Lasten des Kaiserlichen Rates, der jedoch nicht unter der Bürde litt, war er doch glücklich darüber, daß der Sohn sein Studium abgeschlossen, und stolz auf eine Anzahl Manuskripte, die er im Reisegepäck mitgebracht hatte. Ungestört konnten sie nun druckreif fertiggestellt werden. So verlief das Leben des jungen Dichters in der dritten Frankfurter Phase, die nur von einem Aufenthalt in Wetzlar und einer Reise in die Schweiz unterbrochen wurde, in nahezu ungestörter Freiheit, die freilich in der Hauptsache nur zu zweck- und planlosem Handeln, zur Zeit- und

8 a.a.O., S. 58.
9 Dichtung und Wahrheit, 11. Buch.

Kraftvergeudung führte. Ihren Sinn hatte sie insofern, als Goethe, indem er sich immer wieder ganz dem schöpferischen Augenblick hingab, tastende Versuche unternahm, seinen ganz persönlichen Stil zu finden, was ihm späteren Bekenntnissen zufolge bis dahin nicht gelungen war, nicht in der Straßburger Dichtung und nicht im *Götz*, seinem ersten großen Drama. „Die vorweimarische Dichtung bietet eher den Anblick von einzelnen Stollen, die Goethe bald hier, bald dort ins Dunkel unendlicher Möglichkeiten vortreibt"[10], läßt sich zusammenfassend sagen.

Der schöpferischen Unruhe – neben dem Ritter mit der eisernen Faust beschäftigten den Dichter schon seit Straßburg Sokrates, Caesar und Doktor Faust – entsprach ein äußeres Umgetriebensein. Wieder war es das Wandern in der weiteren Umgebung Frankfurts, das ihm Ruhe gab. Beliebtestes Ziel häufiger Ausflüge war Darmstadt. Dort fand Goethe in Johann Heinrich Merck einen geistig ebenbürtigen, vielseitig gebildeten und überaus kritischen Freund, der den um acht Jahre jüngeren Poeten durch sein unbarmherziges Urteil außerordentlich förderte. Merck gilt als Vorbild des Mephisto.

WETZLAR

Der Sommer in Wetzlar, wo Goethe zur Vervollständigung seiner juristischen Ausbildung sich mit der Arbeit des Reichskammergerichtes vertraut machen wollte, brachte ihm ein neues stürmisch begonnenes, aber entsagungsvoll beendetes Liebeserlebnis. Er lernte die vier Jahre jüngere, seit ihrem 15. Lebensjahr mit dem Legationssekretär Kestner verlobte Charlotte Buff kennen, in deren Vaterhaus der wenig beschäftigte und über seine Zeit frei verfügende junge Anwalt glückliche, aber auch spannungsreiche Stunden verbrachte, bis er in der Befürchtung, durch längeres Verweilen ein neues Verhängnis heraufzubeschwören, ohne Abschied nach Frankfurt zurückkehrte. Das war am 11. September 1772.

FRANKFURT

Sieben Wochen später erschoß sich Carl Wilhelm Jerusalem, der dem Wetzlarer Freundeskreis angehörte, aus unglücklicher Liebe mit Kestners

10 Staiger, Goethe, Bd. I, S. 96.

10

Pistole. Tief beeindruckt von dem erschütternden Vorfall, schrieb Goethe den Briefroman *Die Leiden des jungen Werthers*.

Hatte *Götz von Berlichingen* den jungen Dichter in Deutschland bekannt gemacht, so wurde *Werther* ein Welterfolg. Der beim Erscheinen des Buches fünfundzwanzigjährige Autor hatte den empfindsamen Zeitgeschmack genau getroffen. Bald kleidete man sich wie Lotte und Werther, malte deren Silhouetten auf Kaffeetassen, versuchte, das Erlebnis ihrer Liebe nachzuvollziehen und litt mit ihnen. Goethe dagegen fühlte sich „wie nach einer Generalbeichte wieder froh und frei und zu einem neuen Leben berechtigt"[11]. Auch brachte ihm der große Anklang, den sein Roman fand, die Gewißheit, daß er seinen weiteren Weg als Dichter, nicht als Maler gehen müsse; letzte Zweifel waren ihm noch auf dem Heimweg von Wetzlar gekommen.

Im übrigen genoß er seine Popularität. Wie ein Star unserer Zeit sah er sich von Müßiggängern und Neugierigen umgeben; auch Berühmtheiten besuchten ihn im Elternhause. Zwei Beispiele mögen zeigen, wie er auf seine Zeitgenossen wirkte. Der Schriftsteller und spätere Literaturwissenschaftler F. A. C. Werthes schrieb im Oktober 1774, als der *Werther* gerade im Druck erschienen war, über eine Begegnung mit Goethe einem Freund: „Dieser Goethe, von dem und von dem allein ich vom Aufgang bis zum Niedergang der Sonne und von ihrem Niedergang bis wieder zu ihrem Aufgang mit Ihnen sprechen und stammeln und singen und dithyrambisieren möchte, dessen Genius zwischen Klopstocken und mir stand und über die Alpen und Schneegebirge gleichsam einen Sonnenschleier herwarf, er selbst immer mir gegenüber und neben und über mir, dieser Goethe hat sich gleichsam über alle meine Ideale emporgeschwungen, die ich jemals von unmittelbarem Gefühl und Anschaun eines großen Genius gefaßt hatte"[12].

Dieser Goethe war es, den der acht Jahre jüngere Erbprinz von Sachsen-Weimar-Eisenach am 11. Dezember 1774 auf dem Wege nach Paris durch C. L. von Knebel, einen seiner Erzieher, in sein Frankfurter Quartier, das Rote Haus, bitten ließ. Es kam noch am selben Tage zu einer angeregten Unterhaltung und zu einer weitgehenden Übereinstimmung der Ansichten, so daß der Prinz den Dichter einlud, ihm nach Mainz zu folgen. Das geschah. Goethe und die kleine Reisegesellschaft aus Weimar verbrachten

---

11 zit. bei Bielschowsky, Goethe, 11. Aufl., S. 207.
12 Goethe, Gespräche, Bd. I, S. 124.

ein paar vergnügliche Tage in der Stadt. Acht Tage später berichtete von Knebel dem Weimarer Industriellen F. J. Bertuch über seine Begegnung mit Goethe: ,,Von Wieland werden Sie erfahren können, daß ich Goethes Bekanntschaft gemacht habe und daß ich etwas enthusiastisch von ihm denke. Ich kann mir nicht helfen, aber ich schwöre es, Ihr alle, Ihr Leute, die Ihr Kopf und Herz habt, Ihr würdet so von ihm denken, wenn Ihr ihn kennen solltet. Dies bleibt mir immer eine der außerordentlichsten Erscheinungen meines Lebens. Vielleicht hat mich die Neuheit zu sehr frappiert; aber was kann ich dafür, wenn natürliche Ursachen natürliche Wirkungen bei mir hervorbringen ... Goethe lebt in einem beständigen innerlichen Krieg und Aufruhr, da alle Gegenstände aufs heftigste auf ihn wirken. Daher kommen die Ausfälle seines Geistes, der Mutwillen, der gewiß nicht aus bösem Herzen, sondern aus der Üppigkeit seines Geistes (fließt). Es ist ein Bedürfnis seines Geistes, sich Feinde zu machen, mit denen er streiten kann, und dazu wird er nun freilich die schlechtesten nicht aussuchen... Die ernsthafte Seite seines Geistes ist sehr ehrwürdig. Ich habe einen Haufen Fragmente von ihm, unter andern zu einem *Doktor Faust,* wo ganz ausnehmend herrliche Szenen sind. Er zieht die Manuskripte aus allen Winkeln seines Zimmers hervor...''[13]. Das klingt nicht so ,,dithyrambisch'' wie bei Werthes, zeigt aber, daß auch der ehemalige Offizier – von Knebel war aus preußischem Dienst nach Weimar gekommen – von dem fünf Jahre jüngeren Goethe außerordentlich beeindruckt war.

Vier Tage nach der Abreise aus Mainz verlobte sich der Erbprinz mit Prinzessin Luise von Hessen-Darmstadt, während Goethe, obwohl ihn der Ausgang des Sesenheimer und des Wetzlarer Liebeserlebnisses noch immer stark beunruhigte, von einer neuen Leidenschaft erfaßt wurde. Lili Schönemann, die sechzehnjährige Tochter eines verstorbenen Frankfurter Bankiers, erwiderte die Liebe des berühmten Mannes, der seine Gefühle sogleich in ein Gedicht mit dem Titel *Neue Liebe, neues Leben* umsetzte. Offenbar galt auch für diesen Fall, was Goethe in anderem Zusammenhang in *Dichtung und Wahrheit* geschrieben hat: ,,Es ist eine sehr angenehme Empfindung, wenn sich eine neue Leidenschaft in uns zu regen anfängt, ehe die alte noch ganz verklungen ist. So sieht man bei untergehender Sonne gern auf der entgegengesetzten Seite den Mond aufgehen und erfreut sich an dem Doppelglanze der beiden Himmelslichter''[14].

13 a.a.O., S. 127 ff.
14 Dichtung und Wahrheit, 13. Buch.

Doch schon bald sollte Lili das Schicksal von Käthchen Schönkopf und Friederike Brion teilen. Wieder sah Goethe in dem von der Liebenden angestrebten Glück einer festen Bindung sein Unglück, und der Wunsch „Liebe! Liebe! laß mich los!" – so lautet der Schlußvers des genannten Gedichtes für Lili – wurde alsbald Wirklichkeit. Eine Reise mit Bekannten in die Schweiz vom Mai bis Juli 1775 betrachtete Goethe als den Versuch, ob er Lili entbehren könne. Das schien nicht der Fall zu sein, denn er überschritt die Grenze nach Italien, wohin die Freunde weiterzogen, nicht und kehrte allein über Straßburg nach Frankfurt zurück; einerseits fühlte er sich Lili verbunden, andrerseits neigte er dazu, der Aufforderung Carl Augusts und seiner Braut zu folgen, sie so bald wie möglich in Weimar zu besuchen. In Straßburg lernte Goethe den berühmten, auch literarisch tätigen Arzt Schweizer Herkunft, J. G. von Zimmermann, persönlich kennen, der 1768 königlicher Leibarzt in Hannover geworden war und später als letzter Arzt Friedrich den Großen betreuen sollte. Der weltmännische Mediziner zeigte Goethe hundert Silhouetten; dieser wählte eine davon aus und schrieb darunter: „Es wäre ein herrliches Schauspiel, zu sehen, wie die Welt sich in dieser Seele spiegelt. Sie sieht die Welt, wie sie ist, und doch durchs Medium der Liebe. So ist auch Sanftheit der allgemeinere Eindruck"[15]. Der Schattenriß stellte Charlotte von Stein aus Weimar dar, die Frau, die bald wie keine andere vorher oder nachher sein ganzes Wesen liebend, anspornend oder zügelnd und seine Anlagen endgültig bildend durchdrang. Wir werden ihr als ständiger Briefpartnerin Goethes auf seinen Harzreisen immer wieder begegnen.

Mit Goethes Ankunft in Frankfurt kehrte seine quälende Unschlüssigkeit wieder. Er fand Lili unverändert treu zu ihm stehend, ja, sogar bereit, mit ihm nach Amerika auszuwandern, doch er wich noch zwei Monate lang der immer notwendiger werdenden Entscheidung aus und sagte sich dann endlich von Lili los.

Da erschien Carl August erneut bei Goethe. Der junge Fürst – er war achtzehnjährig gerade für mündig erklärt worden – hatte die Regierung angetreten und reiste nun nach Karlsruhe, um zu heiraten. Aber auch den Dichter, dessen Persönlichkeit ihn tief beeindruckt hatte, gedachte er in seiner Residenz einzubürgern. Dieser versprach nun, dem jungen Paar nach der Hochzeit zu folgen. Die Abreise verzögerte sich, da ein neuer Landauer

15 Morris, Der junge Goethe, zit. bei Staiger, Goethe, Bd. I, S. 310 f.

Staatswagen, den Goethe und ein ihm zugeteilter Kammerjunker benutzen sollten, verspätet in Frankfurt eintraf, so daß beide erst am 7. November 1775 frühmorgens in Weimar ankamen.

WEIMAR

Das Herzogtum Sachsen-Weimar-Eisenach, das Goethes Heimatland [16] bis zu seinem Tode und damit für mehr als zwei Drittel seines Lebens werden sollte, zählte damals knapp 110000 Einwohner; es war wirtschaftlich schwach, gebietsmäßig zerrissen und daher schwer zu verwalten. Die Hauptstadt, in die der verwöhnte Weltmann aus Frankfurt einzog, wirkte recht armselig, zumal das Schloß anderthalb Jahre vorher abgebrannt und ein Neubau nicht in Angriff genommen war. Dennoch lebten die rund 6000 Weimarer Bürger größtenteils irgendwie vom herzoglichen Hof, die meisten besaßen indessen, um satt zu werden, eine kleine Landwirtschaft; jeden Morgen trieb der Stadthirt laut blasend auf übelriechenden Straßen das Vieh aus der Stadt und abends wieder hinein. Auch bot die nächste Umgebung keine besonderen Reize, der Landschaftspark an der Ilm war noch nicht angelegt.

Hier sollen nun lediglich die ersten beiden Jahre Goethes in Weimar dargestellt werden, also die Zeit bis zum Antritt der ersten Harzreise, und zwar so, daß sich deren Motive schon abzuzeichnen beginnen.

Zunächst Goethes ,,amtliche'' Tätigkeit! Es war nicht nur die große Sympathie, die Carl August für Goethe empfand und ihn zur Einladung des berühmten jungen Schriftstellers veranlaßt hatte, sondern es waren auch die Gedanken, die dieser schon bei der ersten Begegnung in Frankfurt über Stellung und Aufgaben des Herrschers eines kleinen Landes im Anschluß an Justus Mösers *Patriotische Phantasien* geäußert hatte.

Da, wie es in der Natur der Sache lag, der junge Herrscher anfangs recht zaghaft regierte, dauerte es rund sieben Monate, bis der Gast aus Frankfurt in weimarische Dienste genommen wurde, und zwar ernannte der Herzog den im Verwaltungsdienst völlig unerfahrenen, für seine Dienststellung viel zu jungen ,,Ausländer'' zum Geheimen Legationsrat mit Sitz und Stimme im Geheimen Consilium; das geschah mit Verfügung vom 11. Juni

---

16 Das zerfallende Heilige Römische Reich Deutscher Nation hat Goethe kaum als sein Heimatland betrachtet. Xenie 95, *Das Deutsche Reich*, lautet: ,,Deutschland? Aber wo liegt es? Ich weiß das Land nicht zu finden, / Wo das gelehrte beginnt, hört das politische auf.''

1776 und löste im Lande einen Proteststurm ohnegleichen aus. Der „politische Senkrechtstarter", wie man Goethe heute nennen würde, trat dessen ungeachtet sein hohes Amt an, da Carl August zu seiner Entscheidung stand und auch seine Mutter dazu beitrug, die aufgewühlten Wogen der öffentlichen Meinung zu glätten.

Das dreiköpfige Geheime Consilium könnte man als eine Art Landesministerium bezeichnen, hätte es nicht unter dem absolut regierenden Fürsten, der an den Sitzungen teilnahm und sich stets die Entscheidung vorbehielt, lediglich eine beratende Funktion gehabt. Für besondere Aufgabenbereiche richtete der Herzog, den Gepflogenheiten der Zeit entsprechend, Immediatkommissionen ein. Es spricht für Goethes Engagement im neuen Amt ebenso wie für das Vertrauen des fürstlichen Freundes, daß der junge leitende Beamte fast in allen derartigen Ausschüssen tätig war. „Mit einiger Vorsicht darf man sagen, daß so gut wie alles, was in dem ersten Jahrzehnt an Neuerungen im Herzogtum durchgeführt oder eingeleitet wurde, entscheidend von Goethe beeinflußt war, dem der Herzog völlig, und zwar mit zunehmend selbständigem Urteil, vertraute"[17]. Der Dank des Poeten für dieses Vertrauen seines Fürsten war der Verzicht auf umfangreichere dichterische Arbeiten. „Regieren" steht lapidar am Ende einer Tagebucheintragung auf der Wartburg vom 8. Oktober 1777 – das sind sieben Wochen vor dem ersten Aufbruch in den Harz. Die zusätzlich übernommenen Ämter und damit verbundenen Pflichten hatten sich in der Tat schnell gehäuft. Der Dichter des *Werther* entpuppte sich als geschickter und energischer Finanzpraktiker[18]. Er wurde Mitglied der Bergwerks- sowie der Wege- und Wasserbaukommission, kümmerte sich um das Feuerlöschwesen; weitere Sonderaufträge folgten.

So bedeutsam das „Regieren" in dem mitteldeutschen Duodezstaat für Goethe wurde, so wenig hatte er wohl, bevor er damit begann, mit einer solchen Tätigkeit gerechnet. Was ihm vorschwebte, als er sich entschloß, der Einladung in das kleine Herzogtum zu folgen, war vielmehr ein Beitrag zur Erziehung Carl Augusts gewesen. „Es ging ihm in der Hauptsache darum, diesen jungen Fürsten, dessen gesunde Natur und gutes Wollen er zu erkennen meinte, in der Schlußphase seines Reifeprozesses unvermerkt zu lenken"[19].

17 Tümmler, Carl August von Weimar, Goethes Freund, S. 30 f.
18 nach Tümmler, a.a.O., S. 32.
19 Tümmler, a.a.O., S. 23.

Die Voraussetzungen dazu, das wußte Goethe, waren in Weimar außerordentlich günstig; dort hatte Anna Amalia, die Mutter des Herzogs, einen Kreis von Künstlern, Gelehrten und geistreichen Frauen gebildet, deren Mittelpunkt nicht von ungefähr sie selbst war, hatte sie doch in ihrem Heimatland Braunschweig etwas Ähnliches kennengelernt: ihr aufgeschlossener Vater, Herzog Karl I., hatte eine vorwiegend für junge Adlige gedachte Schule, das Collegium Carolinum, gegründet und dafür bedeutende Persönlichkeiten als Lehrer, außerdem Lessing als Leiter der weltberühmten Bibliothek im nahen Wolfenbüttel gewonnen, so daß Braunschweig in der Literaturgeschichte den Ehrentitel ,,Weimar der Aufklärung'' erhalten sollte. Anna Amalia, zehn Jahre älter als Goethe, hatte siebzehnjährig geheiratet und wurde als Mutter zweier Söhne nach zweijähriger Ehe Witwe. Damit fiel ihr die Aufgabe zu, die Regentschaft des Herzogtums bis zur Volljährigkeit Carl Augusts zu übernehmen, ein Amt, das sie mit Geschick und Verantwortungsbewußtsein selbständig und erfolgreich versah. Während ihrer Regierung hatte sie bereits 1772 den damals neununddreißigjährigen Dichter Wieland nach Weimar berufen, der nicht nur Carl August mit dem Gedankengut der Aufklärung vertraut machte, sondern auch entscheidend dazu beitrug, daß die Residenz an der Ilm eine Anziehungskraft für junge Menschen mit kulturellen Ambitionen ausübte, die auch für Goethes Umzug dorthin mitbestimmend gewesen war.

Der berühmte junge Dichter war kaum dort angekommen, als er dank seines Einfühlungsvermögens und der bekannten gewinnenden Ausstrahlungskraft seiner Persönlichkeit zum Mittelpunkt des Kreises um Anna Amalia wurde. Wie sich das vollzog, hat Gleim miterlebt und besonders anschaulich erzählt: ,,Kurz darauf... kam ich nach Weimar und wollte ihn (Goethe) gern kennen lernen. Ich war abends zu einer Gesellschaft bei der Herzogin Amalie geladen, wo es hieß, daß Goethe späterhin auch kommen würde. Als literarische Neuigkeit hatte ich den neuesten *Göttinger Musenalmanach* mitgebracht, aus dem ich eins und das andere der Gesellschaft mitteilte. Indem ich noch las, hatte sich auch ein junger Mann, auf den ich kaum gemerkt, mit Stiefeln und Sporen und einem kurzen, grünen, aufgeschlagenen Jagdrocke unter die übrigen Zuhörer gemischt... Während einer kleinen Pause... erhob sich jener feine Jägersmann... vom Stuhle, nahm das Wort und erbot sich in demselben Augenblicke, wo er sich auf eine verbindliche Weise gegen mich verneigte, daß er, wofern es mir so beliebte, im Vorlesen, damit ich nicht allzu sehr ermüdete, von Zeit zu Zeit

mit mir abwechseln wollte. Ich konnte nicht umhin, diesen höflichen Vorschlag anzunehmen, und reichte ihm auf der Stelle das Buch. Aber Apollo und die neun Musen, die drei Grazien nicht zu vergessen, was habe ich da zuletzt hören müssen! Anfangs ging es zwar ganz leidlich... Auf einmal aber war es, als ob den Vorleser der Satan des Übermutes beim Schopfe nehme, und ich glaubte, den wilden Jäger in leibhaftiger Gestalt vor mir zu sehen. Er las Gedichte, die gar nicht im *Almanach* standen, er wich in alle nur möglichen Tonarten und Weisen aus... Was hat er nicht alles mit seinem Humor an diesem Abend zusammenphantasiert! Mitunter kamen so prächtige, wiewohl nur ebenso flüchtig hingeworfene als abgerissene Gedanken, daß die Autoren, denen er sie unterlegte, Gott auf den Knien dafür hätten danken müssen, wenn sie ihnen vor ihrem Schreibpulte eingefallen wären. Sobald man hinter den Scherz kam, verbreitete sich eine allgemeine Fröhlichkeit durch den Saal. Er versetzte allen Anwesenden irgend etwas. Auch meiner Mäzenschaft, die ich von jeher gegen junge Gelehrte, Dichter und Künstler für eine Pflicht gehalten habe – so sehr er sie auf der einen Seite belobte, so vergaß er doch nicht, auf der andern Seite mir einen kleinen Stich dafür beizubringen, daß ich mich zuweilen in den Individuen, denen ich diese Unterstützung zuteil werden ließ, vergriffe. Deshalb verglich er mich witzig genug... mit einem frommen und dabei über die Maßen geduldigen Truthahn, der eigene und fremde Eier in großer Menge und mit großer Geduld besitzt und ausbrütet; dem es aber en passant wohl auch einmal begegnet und der es nicht übelnimmt, wenn man ihm – ein Ei von Kreide statt eines wirklichen unterlegt. ‚Das ist entweder Goethe oder der Teufel!' rief ich Wieland zu, der mir gegenüber am Tische saß. – ‚Beides', gab mir dieser zur Antwort; ‚er hat einmal heute wieder den Teufel im Leibe; da ist er wie ein mutiges Füllen, das vorn und hinten ausschlägt, und man tut wohl, ihm nicht allzu nahe zu kommen''[20].
Es gelang Goethe nicht nur, sprühend von Einfällen, die Rokokogesellschaft im Wittumspalais zu gewinnen, sondern er trug auch unauffällig die Weltanschauung seiner von der Geniebewegung weitgehend geprägten Generation in diesen Kreis. Das hatte eine Verbesserung des Verhältnisses zwischen Carl August und seiner Mutter zur Folge. Doch dies war nur einer der Wirkungsbereiche Goethes in der Weimarer Hofgesellschaft; mit Blick auf sein Vorhaben, den jungen, ihm freundschaftlich gesinnten Fürsten

20 Goethe, Gespräche, Bd. I, S. 238 ff.

persönlichkeitsbildend zu beeinflussen, genügte die Präsenz bei Anna Amalia nicht, hier galt es, unkonventioneller tätig zu werden. Das wird verständlich, wenn man sich das „Wesen und Treiben" Carl Augusts vor Augen führt, bei dem, wie sein Biograph Hans Tümmler ausführt, „manche Eigenschaften des Großvaters wiedererscheinen: der Hang zum Autokratentum, ,das unbändige Blut, die Rastlosigkeit, die Unruhe, der starke Geschlechtstrieb, auch die Jagdleidenschaft, die Freude an Pferden und Hunden' (so Willy Andreas), wovon freilich vieles überhaupt zu den üblichen fürstlichen Passionen jener Tage gehörte"[21]. Wurden diese Wesenszüge einerseits durch das mütterliche Erbe gemildert, so verstärkten sie sich andrerseits dadurch, daß sie dem Lebensgefühl der jungen Generation entsprachen, das auch Goethes Verhalten in jenen Jahren beeinflußte, ohne es freilich zu beherrschen.

Gerade das Kraftgenialische machten nun die Älteren der Weimarer Hofgesellschaft dem zugereisten Dichter zum Vorwurf, als er, Carl August und eine Anzahl anderer junger Leute in der Umgebung Weimars sowie auf den Tanzböden der Dörfer und in den Wäldern bei Ilmenau sich in ein wüstes Treiben stürzten, das zwar den Beteiligten als modisch und ihrem Alter entsprechend gerechtfertigt erschien, mit den überkommenen Ansichten und gültigen Moralgesetzen aber keineswegs in Einklang zu bringen war. So gab es auch von daher – unabhängig von seiner Berufung in das Geheime Consilium – Stimmen, die sein Verhalten scharf verurteilten; beispielsweise Klopstock.

Doch änderte solche Kritik Goethes pädagogisches Konzept nicht: Der zuvor streng im Sinne der Aufklärung erzogene junge Fürst mochte die ihm nun gewährte Zügellosigkeit auskosten, bis er ihrer von selbst überdrüssig wurde. Tatsächlich kam es so. Überschwenglicher Lebensfreude folgten mißmutige Phasen; Carl August erkannte das Unbefriedigende bloßen Genießens und fand statt dessen zunehmend Gefallen daran, sein hohes Amt verantwortungsvoll zu versehen. Schwieriger war es für Goethe, die selbstgewählte Doppelrolle des Kavaliers am „Musenhof" Anna Amalias und die des Naturburschen in Begleitung des erlebnishungrigen fürstlichen Freundes zu spielen; nicht daß er dem Treiben im Thüringer Wald ganz abgeneigt gewesen wäre, doch lagen ihm gelegentliche Ausrutscher ins Unästhetische nicht, und das Gefühl der Mitschuld rief bei ihm zuweilen schwere Stunden hervor.

21 Tümmler, a.a.O., S. 12.

18

Etwas anderes kam hinzu. Sehr bald nach seiner Ankunft in Weimar lernte Goethe in der Umgebung der Herzogin Luise die Frau des herzoglichen Oberstallmeisters, Charlotte von Stein, kennen, deren Schattenriß ihn bereits tief beeindruckt hatte[22]. Zu ihr trat er sogleich in eine Beziehung, die die ,,merkwürdigste, bedeutungsvollste und andauerndste, die er je zu einem weiblichen Wesen gehabt hat''[23], werden sollte. In einem Brief an den Schweizer Pfarrer und Physiognomiker Lavater schrieb er 1780: ,,Deine Frage über die Schöne (Lavaters Bekannte Maria Branconi) kann ich nicht beantworten. Ich habe mich gegen sie so betragen, als ich's gegen eine Fürstin oder eine Heilige tun würde . . . Auch tut der Talisman jener schönen Liebe, womit die Stein mein Leben würzt, sehr viel. Sie hat meine Mutter, Schwester und Geliebten nach und nach geerbt, und es hat sich ein Band geflochten, wie die Bande der Natur sind.'' Das heißt ja wohl, daß diese Liebe zu Charlotte dem jungen Dichter zum Inbegriff aller von ihm gegebenen und von ihm empfangenen Liebe geworden ist. Die Goethe-Forscher und die belletristischen Literaten, die sich mit dieser im letzten nie zu ergründenden Liebe beschäftigten, haben sie je nach ihrer Mentalität vom idealsten Eros bis zum bloßen Sexverhältnis geschildert. Dem Leser bleibt es überlassen, sich aus der Fülle der Deutungen die ihm gemäße auszuwählen. Die Briefe, die Goethe von seinen Harzreisen an Frau von Stein geschrieben hat, können ihm dabei nützlich sein.

In der Zeit, um die es hier zunächst geht, nämlich vom Ende 1775 bis zur ersten Harzreise zwei Jahre später, erwiderte Charlotte Goethes unverhohlen leidenschaftliche Liebe mit der auch von der Hofgesellschaft gebotenen Zurückhaltung, was zu heftigen Vorwürfen des sieben Jahre jüngeren stürmischen Liebhabers führte. Überhaupt lenkte die kluge, in ihrer Ehe geistig kaum geforderte Frau den Freund, dessen geniebewegtes Treiben mit Carl August sie auch im Interesse der Herzogin mißbilligte, in geregelte Bahnen, so nun ihrerseits die Erziehung des als Erzieher tätigen Goethe behutsam zum guten Ende führend.

Am wenigsten ist schließlich über den Dichter Goethe in diesem Zeitabschnitt zu sagen. Die Fülle der mannigfachen Amts- und Regierungsgeschäfte, in die er sich damals gründlich und verantwortungsbewußt einarbeitete, die zeitraubenden Verpflichtungen bei Hofe, Dienstreisen und

22 s. S. 13.
23 nach Bielschowsky, Goethe, 11. Aufl., S. 300.

mehrfacher Wohnungswechsel, bis er im Frühjahr 1776 in das Gartenhaus am Stern einzog, dessen Garten er selbst anlegte, ließen ihm keine Zeit zur Vollendung umfangreicher Werke. Allein die Lyrik kam zu ihrem Recht.

II

Die erste Harzreise

1777

Motive

In Goethes Tagebuch findet sich mit Datum vom 14. November 1777 unter zumeist nur stichwortartigen, vielfach belanglosen Aufzeichnungen der vorausgegangenen und folgenden Tage überraschend ein hymnischer Dank an sein Los, der mit einer vieldeutigen Bitte endet:

> Heiliges Schicksal, du hast mir mein Haus gebaut und ausstaffiert über mein Bitten, ich war vergnügt in meiner Armut unter meinem halbfaulen Dache. Ich bat dich, mir's zu lassen, aber du hast mir Dach und Beschränktheit vom Haupte gezogen wie eine Nachtmütze. Laß mich nun auch frisch und zusammengenommen der Reinheit genießen. Amen, Ja und Amen winkt der erste Sonnenblick.

In einem zwei Tage später an die Mutter geschriebenen Brief ist zu lesen:

> Mein Herz und Sinn ist zeither so gewohnt, daß das Schicksal Ball mit ihm spielt, daß für's Neue, es sei Glück oder Unglück, fast gar kein Gefühl mehr hat.

Bereits am 13. Juni 1777 hatte Wieland Merck mitgeteilt:

> Mit jenem (Goethe) – was für herrliche Stunden und halbe Tage lebt' ich mit ihm im ersten Jahre! Nun ist's, als ob in den fatalen Verhältnissen, worin er steckt, ihn sein Genius ganz verlassen hätte; seine Einbildungskraft scheint erloschen; statt der allbelebenden Wärme, die sonst von ihm ausging, ist politischer Frost um ihn her. Er ist immer gut und harmlos, aber – er teilt sich nicht mehr mit –, und es ist nichts mit ihm anzufangen.

Faßt man diese kurzen Aussagen zusammen, so ergibt sich, was auch weitere Tagebuchaufzeichnungen bestätigen, daß nämlich Goethe in dem halben Jahr vor der ersten Harzreise zwar zuweilen froh und ausgelassen sein konnte, daß aber immer wieder auch Tage kamen, an denen er weder ein noch aus wußte, sich und die Welt nicht mehr verstand; an denen er, der so selbstsicher auftreten konnte, den Boden unter den Füßen verloren zu haben schien.

Im Eingangskapitel ist dargestellt worden, wie es zu diesem Aus-der-Bahn-geworfen-Sein gekommen war: Die mannigfachen Aufgaben bei Hofe als Erzieher des jungen Fürsten und als leitender Beamter in der Landesverwaltung verzehrten geistige Kräfte, die er für größere literarische Arbeiten dringend nötig gehabt hätte. Die „Forderung des Tages" entließ ihn nicht mehr aus dem gewohnten Pflichtenkreis.

An allen…nach Weimar mitgebrachten unvollendeten Arbeiten
konnte man nicht fortfahren; denn da der Dichter durch Antizipation
die Welt vorwegnimmt, so ist ihm die auf ihn losdringende, wirkliche
Welt unbequem und störend; sie will ihm geben, was er schon hat,
aber anders, das er sich zum zweitenmale zueignen muß,

schrieb Goethe mit einem zeitlichen Abstand von mehr als vier Jahrzehnten aus der Erinnerung über seine Situation in Weimar in den *Tag- und
Jahresheften.* Es war genau das eingetreten, was ihn daran gehindert hatte,
sich unlösbar mit Friederike Brion oder Lili Schönemann zu verbinden:
,,bürgerliche'' Tätigkeit engte ihn unerträglich ein. Sollte er auch jetzt
wieder die Fesseln sprengen? Das hieße ja, die Freundschaft mit dem Herzog und die ihm vertrauensvoll übertragenen Staatsämter aufgeben, um
sich ganz den großen schöpferischen Aufgaben, die er sich als Dichter zu
stellen gewohnt war, zu widmen; oder sollte er sein unruhiges Leben
– ,,den ganzen Tag gerannt, wie der ewige Jude''[1] – fortsetzen?
Die zweite offene Frage, die Goethe in dieser Zeit quälte, betraf seine Beziehungen zu Charlotte von Stein. Sie, die sieben Jahre Ältere, seit 1764
verheiratet, Mutter von sieben Kindern, von denen nur drei am Leben geblieben waren, hat ihre Briefe an den Freund verbrannt, und so kennt die
Nachwelt diese Frau fast nur so, wie sie sich in Goethes Briefen spiegelt.
Staiger faßt wie folgt zusammen: ,,Ihr immer ungestilltes Verlangen nach
einem reinen, vollkommenen Leben – in der Begegnung mit Goethe wagt
es sich zweifelnd, hoffend wieder hervor. Der Gatte, die Kinder bewähren
die Träume von makelloser Menschlichkeit nicht. Sie sind wie die anderen
Sterblichen auch. Das Herz bleibt leer, und aller Anteil, alle Sorge der Frau
und Mutter ist weiter nichts als christliche Pflicht. In Goethe dagegen
konnte der Freund, der wahrhaft Liebenswerte und Liebende – nicht
schon vollendet gegenwärtig, aber doch angekündigt sein …''[2].
,,Nicht schon vollendet…''. Goethes Briefe an Charlotte im Vierteljahr
vor der ersten Harzreise lassen sowohl Hoffnung wie Zweifel dieser ungewöhnlichen Frau berechtigt erscheinen; vor allem aber sind sie ein aussage-
starkes Seismogramm der schweren Beben, die der vertraute Umgang mit
der geliebten Frau in der Seele des Freundes hervorrief:

Meine Verständnisse sind dunkel, nur ist mir ziemlich klar, daß ich Sie
liebe.

1 Goethe, Tagebucheintragung v. 23. 10. 1777.
2 Staiger, Goethe, Bd. I, S. 317 f.

Ja, lieb Gold, ich glaub' wohl, daß Ihre Lieb' zu mir mit dem Absein wächst, denn wo ich weg bin, können Sie auch die Idee lieben, die Sie von mir haben; wenn ich da bin, wird sie oft gestört durch meine Tor- und Tollheit... Liebste! Ich habe Sie doch ganz allein lieb, das spür' ich an der Wirtschaft mit den übrigen Frauen... Ich hab' Sie gegenwärtig lieber als abwesend, drum könnt' ich mir anmaßen, daß meine Liebe wahrer sei.

Morgen hab' ich Misels (Mädchen) heraufgebeten. Sie versichern mir alle, daß sie mich lieb haben, und ich versichere sie, sie seien charmant (Auf der Wartburg geschrieben).

Ich weiß, daß Sie an mich denken, denn sonst dächt' ich nicht so viel an Sie. Ich weiß, daß Sie mich lieben, ich spür's daran, daß ich Sie so lieb habe.

Warum das Hauptingrediens Ihrer Empfindungen neuerdings Zweifel und Unglaube ist, begreife ich nicht; das ist aber wohl wahr, daß Sie einen, der nicht festhielte in Treue und Liebe, von sich wegzweifeln und träumen könnten, wie man einem glauben machen kann, er sähe blaß aus und sei krank.

Wie mag's anderen Menschen gehen, da mir's so verworren geht?

Gestern von Ihnen gehend, hab' ich noch wunderliche Gedanken gehabt, unter andern, ob ich Sie auch wirklich liebe oder ob mich Ihre Nähe nur wie die Gegenwart eines so reinen Glases freut, darin sich's so gut bespiegeln läßt.

Adieu, liebe Frau, ich streiche gleich ab... Ich bin in wunderbar dunkler Verwirrung meiner Gedanken. Hören Sie den Sturm, der wird schön um mich pfeifen.

Dies aus Briefen Goethes an Charlotte von Stein vom 27. August bis 29. November 1777.

,,In wunderbar dunkler Verwirrung'' - diese am frühen Morgen vor der Abreise in den Harz schnell noch für die Freundin zu Papier gebrachten Zeilen sind das beste Resümee der hier im einzelnen angeführten Zitate, die überzeugend dokumentieren, wie unklar sich Goethe über sein Verhältnis zu Frau von Stein damals war; und dabei galt es, auch in dieser Hinsicht eine Entscheidung für die Zukunft zu treffen. Goethe war nun 28 Jahre alt. Sollte er es weiter mit den ,,Misels'' treiben, oder sollte er sich ernsthaft darum bemühen, die Erbin der ,,Mutter, Schwester und Gelieb-

ten"[3] ganz für sich zu gewinnen, zumal es an ihrer Seite – das sah er klar voraus – nicht jene seine Schöpferkraft lähmenden bürgerlichen Zwänge geben würde, die er bei Friederike oder Lili gefürchtet hatte?
Um mit sich selbst über Fragen dieser Art ins Reine zu kommen, hatte Goethe seit eh und je die Einsamkeit in der Natur gesucht: Nach dem Friederike-Erlebnis dichtete er in einem Unwetter in der Nähe Darmstadts die wilden Verse von *Wandrers Sturmlied*. Nach dem Abschied von Charlotte Buff tröstete ihn – nicht zum erstenmal – die Schönheit der Landschaft im Frankfurter Raum. Klarheit in seinem Verhältnis zu Lili Schönemann suchte er im Verlauf der Schweizer Reise. Und nicht anders verfuhr er jetzt. Er wußte sehr genau, daß er nur in einsamer Begegnung mit der „Urmutter" Natur gültige Antworten auf die ihn zutiefst beunruhigenden Lebensfragen erhalten konnte.
Da ward nun zu Ende Novembers (1777) eine Jagdpartie auf wilde Schweine, notgedrungen auf das häufige Klagen des Landvolks, im Eisenachischen unternommen, der ich . . . auch beizuwohnen hatte; ich erbat mir jedoch die Erlaubnis, nach einem kleinen Umweg mich anschließen zu dürfen. Nun hatte ich einen wundersamen geheimen Reiseplan.
So steht es in der *Kampagne in Frankreich*. Goethes Ziel war der Harz. Das Gebirge, insbesondere der Brocken, versprach jene eindringliche Begegnung mit der Natur, die sich der Dichter in seinem derzeitigen Seelenzustand wünschte und der er unausweichlich bedurfte.
Wie eine mächtige Bastion beherrscht Deutschlands nördlichstes Mittelgebirge zwischen oberer Weser und mittlerer Elbe den Süden der Norddeutschen Tiefebene. Der Brocken, mit 1142 m Seehöhe der weithin sichtbare höchste Berg des Harzes, bis dicht unterhalb des kahlen, bereits jenseits der Baumgrenze gelegenen Gipfels mit Urwald, Sümpfen und Morästen bedeckt, wurde bis gegen Ende des Mittelalters kaum von Menschen betreten. Er war so eine jener „mit stillem Schauer erfüllenden Höhen", wo sich, wie schon Plinius im ersten nachchristlichen Jahrhundert berichtete, der Sage nach bocksfüßige Waldgötter, Satyrn und andere mythische Gestalten zu wollüstigem Treiben versammelten. Bedenkt man, daß der gesamte indogermanische Volksglaube in religiöser Naturbetrachtung wurzelt und daß gerade der Harzbewohner früherer Zeiten, in düsteren Wäldern und engen Talschluchten verhältnismäßig einsam lebend, sich von geheimnisvollen Erscheinungen umgeben fühlte, so nimmt es nicht wunder, daß neben einer

3 Vergl. S. 19.

26

Anzahl anderer europäischer Berge gerade auch der Brocken zum Treffpunkt von Unholden – bösen Geistern – wurde. Ein um 1300 aufgezeichneter „Nachtsegen" nennt sie: Alben und Schratte (Naturgeister), Hockaufe, Truden (ursprünglich Jungfrauen, später Hexen), Zaunreiter (der Zaun galt als Aufenthalt von Geistern), arme Teufel, aber auch Menschenfresser, Gehängte, Geköpfte und Geräderte sowie Wodans Gefolgschaft. Sie kamen nach jenem mittelhochdeutschen Text auf dem „Brockelsberg" zusammen, und zwar in der Nacht zum 1. Mai, dessen Patronin die Hl. Walpurga, einst Äbtissin von Heidenheim, ist. Das war in germanischer Zeit der Tag des ersten Viehaustriebs, des Abwehr- und Segenzaubers sowie der Vermählungstag Wodans und Frijas. Erst seit der Mitte des 16. Jahrhunderts ist der Brocken namentlich als Unholdenberg belegbar und seitdem Ziel mühsamer „Wallfahrten". Schriftsteller und Dichter, insbesondere Goethe, machten ihn als Hexen-, Teufels- und Zauberberg weltweit bekannt. Weit verbreitet war *Blockes-Berges Verrichtung oder ausführlicher geographischer Bericht von den hohen trefflich alt- und berühmten Blockes-Berge, ingleichen von der Hexenfahrt und Zauber-Sabbathe, so auff solchen Berge die Unholden aus gantz Teutschland jährlich den 1. Maij in Sanct-Walpurgis-Nachte anstellen sollen. Aus vielen Autoribus abgefasset und mit schönen Raritäten angeschmücket sampt zugehörigen Figuren von M. Johanne Praetorio (1669).* Dem barocken Titel entspricht der Inhalt von 582 Seiten, der in seiner phantasiereichen sinnlichen Darstellung der Walpurgisnacht auf dem Brocken in manchen Passagen die Grenze zum Obszönen überschreitet.

Erst mit Beginn der Aufklärung wandelte sich die Einstellung. Der sich seiner Vernunft bewußt gewordene Mensch entlarvte Hexen und Teufel, indem er sie verspottete oder zeit- und gesellschaftskritische Gedanken aussprechen ließ. Eine Dichtung dieser Art ist das 1200 Verse umfassende satirische Gedicht *Walpurgisnacht* von Johann Friedrich Löwen (1727–1771), einem geborenen Clausthaler, der als Gründer des Nationaltheaters in Hamburg Lessing als Dramaturgen berief. Löwen führte als erster den Doktor Faust auf den Brocken und plazierte ihn dort zur Linken Beelzebubs, der dem mittelalterlichen Gelehrten tüchtig einschenkte, so daß dieser schließlich den versammelten Geistern ein Trinklied sang und eine Ansprache ausgerechnet gegen den Aberglauben hielt.

Diese *Walpurgisnacht* Löwens kannte Goethe, denn er erwähnt das Werk im sechsten Buch von *Dichtung und Wahrheit*. Als er 1775 nach Weimar kam, brachte er vom Faust das mit, was man später als *Urfaust* bezeichnete;

vielleicht auch mehr, gewiß aber noch nichts von der Walpurgisnacht-Szene im „Harzgebirg". Es ist nicht auszuschließen, daß sich der Dichter, bei dem zu allen Zeiten die eigene Anschauung Grundlage dichterischer und wissenschaftlicher Arbeiten war, einen ganz persönlichen Eindruck von der landschaftlichen Szenerie verschaffen wollte, in die Löwen Faust und den Teufel versetzt hatte. Nachdem das 1777, 1783 und 1784 geschehen war, mag zutreffen, was F. Dennert so formuliert hat: „Als er (Goethe) im Jahre 1797 die Arbeiten am *Faust* wieder aufnahm, regte ihn die Erinnerung an Löwens ‚Erfindung', Faust auf den Blocksberg zu bringen, dazu an, auch seinen Helden diese Station passieren zu lassen [4]."
Abgesehen davon hat sich wohl der Dichter von der Besteigung des verschneiten Brockens ein Erlebnis besonderer Art versprochen; in dem Sinne vielleicht, wie er später einmal an F. L. Graf zu Stolberg schreiben sollte:

... so erfreut und erquickt es mich doch immer sehr, wenn ich sehe, daß die allmütterliche Natur für zärtliche Seelen auch zartere Laute und Anklänge in den Undulationen ihrer Harmonie leise tönen läßt und dem endlichen Menschen auf so manche Weise ein Mitgefühl des Ewigen und Unendlichen gönnt.

In den bisherigen Darstellungen wurden immer wieder zwei Motive für das Abenteuer der ersten Harzreise als die wesentlichsten, ja, die einzigen genannt: der Besuch bei Plessing in Wernigerode und die Besichtigung von Einrichtungen des Harzer Bergbaus unter besonderer Berücksichtigung des wieder in Betrieb zu setzenden Ilmenauer Bergwerks. Diese Beweggründe scheinen deshalb so überzeugend, weil Goethe nur diese in der *Kampagne in Frankreich* angibt, sofern man von der sehr allgemein gehaltenen Bemerkung absieht, alles „Winterwesen" habe „in jener Zeit" große Reize für ihn gehabt. Ähnlich steht es in Goethes Interpretation seines Gedichtes *Harzreise im Winter*:

... der Dichter, in doppelter Absicht, ein unmittelbares Anschauen des Bergbaues zu gewinnen und einen jungen, äußerst hypochondrischen Selbstquäler zu besuchen und aufzurichten, bedient sich der Gelegenheit, daß eng verbundene Freunde zur Winterjagdlust ausziehen, um sich von ihnen auf kurze Zeit zu trennen.

Nun ist aber zu berücksichtigen, daß zwischen der ersten Harzreise einerseits und der Niederschrift der *Kampagne in Frankreich* sowie Goethes

---

4 F. Dennert, Faust auf dem Brocken, S. 261.

Interpretation des Gedichtes rund viereinhalb Jahrzehnte liegen. In diesem langen Zeitraum hatte sich Goethe entscheidend gewandelt. Er hatte die Empfindsamkeit der Werther-Zeit, wie sie noch in den Briefen und Tagebüchern von 1777 nachklingt, längst überwunden. An die Ausweglosigkeit seiner seelischen Situation am Ende der ersten beiden Weimarer Jahre konnte oder mochte der Gealterte sich nicht mehr deutlich erinnern. Deshalb gab er nun – sehr sachlich – die notwendig gewordene Information über den Bergbau und den Besuch bei Plessing als Motive der ersten Harzreise an. Das lag um so näher, als sich, wie sich noch zeigen wird, auch seine Einstellung zum Bergbau und zur Geologie grundlegend geändert hatte. Das gilt auch für sein Verhältnis zu Plessing. Im Tagebuch von 1777 und in den Briefen an Charlotte von Stein findet sich kein Wort über den ,,hypochondrischen Selbstquäler''. Er hat somit in Goethes Leben bis dahin noch keine Rolle gespielt, denn daß jemand – wie der unglückliche, mit Goethe gleichaltrige Predigerssohn – dem Dichter des *Werther* schwermütige Gedanken über diesen Roman brieflich mitteilte, war gewiß nichts Besonderes, schrieb Goethe selbst doch in der Interpretation der *Harzreise im Winter,* der Dichter ,,mußte manchen schriftlichen Andrang erdulden''. Zu allen Zeiten erhielten erfolgreiche Autoren Zuschriften zu ihren Veröffentlichungen. Wären Plessings Mitteilungen wirklich so bedeutsam gewesen, daß Goethe ,,um dessentwillen...eigentlich die Fahrt unternommen'' hätte, fände sich gewiß im Tagebuch oder in Briefen aus der Zeit vor der Harzreise eine Erwähnung des Unglücklichen.

Nicht anders verhielt es sich mit dem Bergbau, von dem der Dichter im Harz ein ,,unmittelbares Anschauen'' gewinnen wollte. Auch diesem Motiv der Reise hat Goethe erst im Alter jene Bedeutung beigemessen, die man in der Literatur immer wieder betont findet. Wie stand es mit Goethes Interesse am Bergbau im Jahre 1777 wirklich?

Ilmenau, die liebenswerte Stadt am Nordostrand des Thüringer Waldes, hatte seit dem 15. Jahrhundert ein Silber- und Kupfererzbergwerk, das 1739 infolge eines Wassereinbruches zerstört worden war. Goethe hat dieses Bergwerk am 4. Mai 1776 zum erstenmal gesehen. Der Herzog und er erwogen die Möglichkeit, es wieder in Betrieb zu setzen. Sie zogen deshalb auch einen Fachmann als Gutachter heran, den Marienberger Vizeberghauptmann von Trebra, der von Mitte Juni bis Anfang August 1776 in Weimar und Ilmenau tätig war und die Wiederaufnahme der Erzförderung befürwortete. Aber erst ein halbes Jahr später, am 18. Februar 1777, wurde zur Verwirklichung des Projektes eine Bergwerkskommission gegründet. Ihr gehörte auch Goethe an, doch läßt nichts darauf schließen, daß er sich zum damaligen Zeitpunkt der neuen Aufgabe mit besonderem Eifer angenommen hätte. Im Tagebuch notierte er nämlich lediglich das Stichwort „Die Bergwerkssache" und weiter bis zur ersten Harzreise nichts mehr[5], obwohl er vom 28. August, seinem Geburtstag, bis zum 3. September 1777 wieder in Ilmenau war; er badete, ging „abends mit den Mädgens spazieren"[6], zeichnete viel, jagte mit dem Herzog, trieb „Possen", schrieb aber in dieser ganzen Woche kein Wort über das Bergwerk, auch nicht an Charlotte, der er um so ausführlicher von der Schönheit des Thüringer Waldes berichtete.

Bedenkt man, wie breiten Raum demgegenüber in Briefen und Tagebuchaufzeichnungen der Zeit vor der ersten Harzreise die Schilderung seelischer Probleme einnimmt, so wird deutlich, daß sich nur in diesem Bereich und nicht in dem praktischen Wirkens das Hauptmotiv für die winterliche Unternehmung findet. Mag sein, daß Goethe den Bekannten, die mit dem Herzog in die Gegend von Eisenach zur Wildschweinjagd ritten, früher oder später die Besichtigung von Bergwerkseinrichtungen als Zweck seines Abstechers genannt hat – dem Herzog gegenüber bedurfte es in jener Zeit engster Freundschaft des Nachweises einer „Dienstreise" nicht – , die selbst den Vertrautesten seines Kreises geheimgehaltene Zielvorstellung der ersten Harzreise war die Bewältigung einer ernsten existentiellen Krise „in der alliebenden und allheilenden Natur"[7].

Von Weimar nach Elbingerode

Die Beschreibung der ersten Harzreise erfolgt nun bewußt allein anhand der Tagebuchaufzeichnungen und der Briefe an Charlotte von Stein, weil nur diese beiden Quellen in ihrer unwiederholbaren Frische des unmittelbar Erlebten authentisch sind. Natürlich ist es lohnend, außerdem die Darstellung des alten Goethe zu lesen, wobei man sich aber darüber im klaren

---

5 Vierzehn Tage vor der Gründung der Bergwerkskommission hatte Goethe laut Tagebuch „übers Bergwerk" eine „Erläuterung des Hennebergischen Bergwerkregals, das Ilmenauer Bergwerk betreffend" des Juristen J. von Eckardt gelesen, der auch in die Ilmenauer Bergwerkskommission berufen wurde.
6 Tagebuch v. 28. 8. 1777.
7 Pfeffer, Goethes erste Brockenbesteigung vom 10. Dezember 1777, S. 206.

sein muß, daß in der *Kampagne in Frankreich* – aus welchen Gründen auch immer – ein gut Teil ,,Dichtung'' mit der ,,Wahrheit'' vermischt ist.

Am 27. November war der Herzog mit größerem Gefolge zur Jagd ins Eisenachische aufgebrochen, während sich Goethe, der auch für das Feuerlöschwesen verantwortlich war, dienstlich nach einer dörflichen Brandstätte begab. Am nächsten Tage traf er Reisevorbereitungen. Er wollte allein reiten. Um nicht als allbekannter Dichter des *Werther* angesprochen zu werden, nannte er sich für die Dauer der Reise Maler Weber aus Darmstadt. Es war nicht das erste Mal, daß er auf diese Weise Verstecken spielte.

Am 29. November brach er bei bösem Spätherbstwetter auf, das ihm in den folgenden zwei Wochen noch häufig schwer zu schaffen machen sollte, da es den Zustand der Wege noch verschlechterte und die ohnehin kurzen Tage weiter verkürzte. In Greußen, einer thüringischen Stadt im Bezirk Erfurt, notierte er am ersten Abend:

Früh gegen sieben ab übern Ettersberg in scharfen Schloßen. 20 Min. auf 1 in Weißensee. Stürmisch gebrochen Wetter, reine Ruh in der Seele, Sonnenblicke mitunter. Abends nach 4 in Greußen. Mußte schon haltmachen, es brach die Nacht ein...

Am nächsten Abend war Goethe in Ilfeld und damit bereits am südlichen Harzrand. Der durch sein 1189 gegründetes Prämonstratenser-Kloster und die daraus nach der Reformation entstandene Klosterschule zu einigem Ansehen gelangte Flecken bot dem ,,Maler Weber'' nur ein Notquartier; er vermerkte im Tagebuch:

Sonntag früh nach sechsen von Greußen mit einem Boten ab. War scharf gefroren, und die Sonne ging mit herrlichsten Farben auf. Ich sah den Ettersberg, den Inselsberg, die Berge des Thüringer Waldes hinter mir. Dann im Wald; und im Heraustreten Sondershausen, das sehr angenehm liegt. Die Spitze des Brockens einen Augenblick. Hinter Sondershausen weg auf Sundhausen. Schöne Aussicht die Goldene Aue vom Kyffhäuser bis Nordhausen herauf. Mit einigen Invaliden, die ihre Pension in Ilfeld holten. Fütterte in Sundhausen. Dann bei Nordhausen weg. Es hatte schon gegen Mittag zu regnen angefangen. Die Nacht kam leise und traurig. Auf Sachswerfen, wo ich einen Boten mit einer Laterne nehmen mußte, um durch die tiefe Finsternis hierher (Ilfeld) zu kommen. Fand keine Stube leer. Sitze im Kämmerchen neben der Wirtsstube. War den ganzen Tag in gleicher Reinheit.

Es fällt auf, daß in diesen beiden Tagebuchaufzeichnungen der Harzreise wieder ,,reine Ruhe der Seele'', ,,gleiche Reinheit'' vermerkt wird, wovon in der eingangs erwähnten Eintragung vom 14. November 1777 die Rede war.

Über den Verlauf der Reise im Raum Ilfeld gibt es eine Untersuchung[8], in der es unter anderem heißt, der späte Reisende habe in Niedersachswerfen – Goethe schrieb Sachswerfen – kein Quartier gefunden, doch habe ihm ein Ortskundiger den später in ,,Goldene Krone'' umbenannten ,,Stifts-gasthof'' empfohlen und Goethe auch in der Dunkelheit dorthin geleitet. Vermutlich sei er durch das heute nicht mehr vorhandene Obertor in den Schulort gelangt. Im hell erleuchteten Stiftsgasthof war noch Betrieb. Das Haus war 1712 auf Anordnung des kurfürstlich-braunschweigisch-lüneburgischen Administrators des Klosters Ilfeld für Eltern, die ihre Kinder in der Klosterschule besuchten, erbaut worden.

Ein Goethe-Weg und Goethe-Bilder im hinteren Parterrezimmer der jetzigen ,,Goldenen Krone'' erinnern in Ilfeld noch heute an den Besuch des berühmten Reisenden.

Am nächsten Tag, dem 1. Dezember, verließ der ,,Maler Weber'', wieder von einem Einheimischen geführt, Ilfeld vermutlich durch das Obertor, um durch das Behre- und Brandesbachtal auf der befahrenen Poststraße über das Birkenmoor auf sicheren Wegen das nächste Tagesziel zu erreichen. F. Dennert vermutet dagegen, daß Goethe – und deshalb habe er sich einen kundigen Führer genommen – auf einem wenig bekannten, von Bergleuten benutzten Weg von Ilfeld über Sophienhof – Trautenstein und die alte Trogfurther (Bode-)Brücke (an ihrer Stelle steht heute die Sperrmauer der Überleitungssperre Königshütte) nach Elbingerode gelangt sei.

Montag früh 7 (Uhr) von Ilfeld ab. Mit einem Boten gegen Mittag in Elbingerode. Felsen und Bergweg. Gelindes Wetter, leiser Regen – Dem Geier gleich – Nach Tische in der Baumannshöhle.

Hier erscheint zum erstenmal im Tagebuch ein Hinweis auf die *Harzreise im Winter*, jene Ode, deren erste Worte ,,Dem Geier gleich'' lauten und von der der alte Goethe schreibt, er habe sie bereits unmittelbar nach dem Aufbruch, auf dem Wege nach dem Ettersberge bei Weimar, begonnen. Elbingerode, eine kleine, im 11. Jahrhundert von nordelbischen Holsaten gegründete Stadt, hatte im 16. Jahrhundert durch Bergbau auf Eisenerz

8 Bornemann, Ilfeld – Goethes erste Station am Harz, S. 215 f.

und durch Eisenhütten eine kurze Blütezeit erlebt, war dann aber durch Adelsfehden, Kriegswirren und Brände in Not geraten. Einiges Leben brachte die Fernhandelsstraße Süddeutschland – Hamburg, die durch den Ort führte und dazu beigetragen hatte, daß es dort ein paar nicht gar zu primitive Gasthäuser gab. Goethe quartierte sich wahrscheinlich im ,,Blauen Engel'' ein. Er blieb dort zwei Nächte, da ihn die in knapp 4 km Entfernung gelegene Baumannshöhle derart fesselte, daß er den Nachmittag des 1. und den ganzen 2. Dezember darin verbrachte.

Die Baumannshöhle in Rübeland war bereits um 1536 von einem Bergmann namens Baumann, der nach Erz suchte, entdeckt worden. Seitdem ist sie neben dem Brocken die bekannteste Sehenswürdigkeit des Harzes. Als im Zeitalter der Aufklärung die Bildungsreisen einsetzten, war es noch nicht die landschaftliche Schönheit, die man suchte, ,,sondern vornehmlich das Abenteuerliche, Seltsame und Geheimnisvolle''[9]. Deshalb strebte man nach dem Brocken, dem Sitz der ,,Unholden'', und zur Baumannshöhle, ,,die mit ihren geheimnisvollen Abgründen, ihren seltsamen unterirdischen Tropfsteinbildungen und den nach dem Glauben jener Zeit mit allen möglichen Kräften ausgestatteten Versteinerungen, zumal sie die einzige damals bekannte Tropfsteinhöhle war, für alle Freunde der Natur und ihrer Geheimnisse die stärkste Anziehungskraft besaß''[10].

Rübeland, damals ein Dorf von 270 Einwohnern, verfügte nur über eine Schenke, die für Übernachtungsgäste ungeeignet war. Deshalb muß angenommen werden, daß es Goethe vorzog, am Abend des 1. Dezember in sein Elbingeröder Quartier zurückzukehren, obwohl er sich entschlossen hatte, den folgenden Morgen erneut in die Höhle zu gehen, über deren Sehenswürdigkeiten er sich möglicherweise anhand einer 1753 in Frankfurt erschienenen Beschreibung zuvor gründlich unterrichtet hatte.

Eine Führung durch die Baumannshöhle dauerte damals eine gute Stunde. Anschließend war der Besucher laut Anordnung des Landesherrn, des Herzogs Ludwig Rudolf von Blankenburg (des Großvaters der österreichischen Kaiserin Maria Theresia) gehalten, sich – möglichst mit einem selbstverfaßten Gedicht – in das Höhlenbuch einzutragen. So also muß man sich die äußeren Umstände von Goethes erster Besichtigung der unterirdischen Wunderwelt vorstellen.

---

9 Bürger, Goethe und die Baumannshöhle, S. 45.
10 a.a.O. S. 45 f.

Ganz ungewöhnlich war freilich seine Rückkehr am nächsten Morgen und sein Aufenthalt in der Höhle bis zum Abend:
Den ganzen Tag in der Baumannshöhle. Abends nach Elbingerode.
So steht es mit Datum 2. Dezember im Tagebuch. Nirgends sonst hat sich Goethe im Harz bei einer Sehenswürdigkeit so lange aufgehalten. Was tat er noch einen ganzen Tag lang in dem unterirdischen Labyrinth? Geschrieben hat er nichts darüber, auch in der *Kampagne in Frankreich* nicht. Nichts deutet darauf hin, daß er damals schon geologische oder mineralogische Studien in der Baumannshöhle betrieben hat.

Auch von den in Rübeland und seiner nächsten Umgebung anstehenden auffälligen Kalkfelsen – Caspar David Friedrich hat sie gemalt – , ihrem Abbau und der Verarbeitung dieses ,,Harzer Marmors'' nahm Goethe 1777 keine Notiz. Der Naturwissenschaftler in ihm war noch nicht erwacht. Der empfindsame Künstler war es, und zwar der Zeichner, nicht der Dichter, der versuchte, mit der Fülle der Eindrücke in der Höhle gestaltend fertig zu werden. Wie Goethe im Sommer 1777 im Gebirge bei Ilmenau, in Kochberg und an anderen Orten besonders viel gezeichnet hatte – beispielsweise am 12. Juli von acht Uhr früh bis acht Uhr abends – , so tat er es auch in Rübeland angesichts der unwirklich anmutenden Welt unter Tage. Gewiß hat er sich auch bemüht, alles Erreichbare in der Höhle zu sehen, die in ihren letzten Verästelungen bis heute noch nicht erforscht ist. Dabei ist zu bedenken, daß damals das Vorwärtskommen in den unterirdischen Schluchten, an steilen Wänden ,,auf schwebenden Leitern und auf schmalen Pfaden, die oft nur eine Spanne von unermeßlichen schwarzen Schlünden entfernt sind''[11], mühsam und stellenweise auch lebensgefährlich war, nicht zuletzt deshalb, weil die den Besuchern ausgehändigten Grubenlampen die einzige schwache Beleuchtung brachten. Entsprechend langsam kam man voran.

Als Goethe am Abend des 2. Dezember nach Elbingerode zurückgekehrt war, drängte es ihn, das überwältigende Erlebnis der Tropfsteinhöhle nun auch in Worte zu fassen. Es entstand – auf einen Zettel schnell hingeschrieben – ein wirrer Reisebericht für Charlotte, der aber erst in Goslar abgeschickt wurde:
Nur die Freude, die ich habe wie ein Kind, sollten Sie im Spiegel sehen können! Wie doch nichts abenteuerlich ist als das Natürliche und

11 Eichendorff am 13. 9. 1805, zit. bei Denecke, Romantische Harzreisen, S. 20.

34

nichts groß als das Natürliche und nichts pppppppppp als das Natürliche!!!!! Heut, wie ich auf einer Klippe saß – Sie sollen sie sehen – wo mich Götter und Menschen nicht gesucht hätten. Ich zeichne wieder den ganzen Tag und werde doch nichts mitbringen, wie gewöhnlich. Ich hab Sie wohl sehr lieb. In der ungeheuren Natur, da ich kritzelte und mir's sehr wohl war, fiel mir's ein: Wenn du's nur auch heut abend in der Grünen Stube aufhängen könntest! Da ist's freilich besser im Stern zeichnen. Aber dafür auch!!! Lieb Gold, Wege mitunter!! Im dreckigen Jerusalem Swedenborgs ist's nicht gröber. Und wenn nun gleich die allzu gefällige Nacht einem sich an (den) Rücken hängt!! – Die Trauer an den langen seichten Wassern hin in der Dämmerung! –
Mich ärgert, daß ich das Messer und ein Paar dicke Strümpfe nicht von Ihnen habe, denn das sind Freunde in der Not! – Zwar hab ich Ihren Handschuh, aber ich bin so ein ehemännischer Liebhaber, daß das nicht recht fruchten will. Ohne den mindesten Unfall bin ich bis hier (gekommen)...Gar hübsch ist's, auf seinem Pferde mit dem Mantelsäckchen wie auf einem Schiffe herumzukreuzen. Gute Nacht.

Von Elbingerode nach Goslar

Die nächste Station auf Goethes erster Harzreise war Wernigerode, neun Kilometer nördlich von Elbingerode am Harzrand gelegen. Der Ort hatte sich dank seiner günstigen Lage am Schnittpunkt des erwähnten Handelsweges von Süddeutschland nach Hamburg mit der von Köln nach Magdeburg führenden Fernstraße schnell zu einer wohlhabenden Stadt entwickelt, die den Grafen von Wernigerode mancherlei Rechte abkaufte. Unter den nachfolgenden Stolbergern gedieh sie bei lebhaftem und vielseitigem Handel weiter. 1539—1543 erhielt das Rathaus, heute noch vielbewunderter Bau einer schmucken Fachwerkstadt, seine jetzige Gestalt. Goethe hätte den Brocken, sein heimliches und wichtigstes Reiseziel, direkt von Elbingerode angehen können, doch ritt er am 3. Dezember nach Wernigerode hinunter, um den gleichaltrigen Viktor Leberecht Plessing zu besuchen, der sich nach abgebrochenem Studium bei den Eltern im Pfarrhaus von St. Silvestri aufhielt. Er hatte in seinem damals schwermütigempfindsamen Seelenzustand dem Dichter des *Werther* zwei verzweifelte Briefe geschrieben, die unbeantwortet geblieben waren. Eher psychologisches Interesse als Mitleid mag Goethe bewogen haben, den Weg über Wernigerode zu nehmen, der auch den Vorteil hatte, in der ungewöhnlichen Reisezeit belebter und angenehmer zu sein. Die Strecke war schnell zurückgelegt, und „Maler Weber" kam schon frühzeitig in der Stadt an, besuchte wahrscheinlich sogleich den unglückseligen Briefschreiber, ging mit ihm, solange es hell war, spazieren und ließ sich erst danach zu seinem Quartier führen, dem heute nicht mehr bestehenden Gasthaus „Zur Goldenen Forelle" am Markt, das dem Bruder des Wernigeröder Superintendenten und Vorgesetzten von Plessings Vater, der Diakonus war, gehörte.

Was Goethe über den Besuch bei dem jungen Plessing unmittelbar danach in sein Tagebuch schrieb, ist so gut wie nichts:

Nach Wernigerode; mit P. spazieren auf die Berge pp.

Ein paar Zeilen darüber finden sich noch in einem Brief an Charlotte aus Goslar vom 4. Dezember:

Mein Abenteuer hab ich bestanden, schön, ganz, wie ich mir's vorauserzählt, wie Sie's sehr vergnügen wird zu hören, denn Sie allein dürfens hören, auch der Herzog, und so muß es Geheimnis sein. Es ist niedrig, aber schön, es ist nichts und viel – die Götter wissen allein, was sie wollen und was sie mit uns wollen, ihr Wille geschehe.

Das ist „nichts und viel". Man ist daher versucht, an dieser Stelle auf die ausführliche Beschreibung der Begegnung in der *Kampagne* zurückzugreifen, doch unterläßt man es besser, schreibt doch auch W. Herse: „In seinem Buche *Kampagne in Frankreich* hat Goethe, freilich erst nach über vierzig Jahren, die Zusammenkunft mit Plessing eingehend, aber den äußeren Umständen nach anders geschildert"[12]. Daß das Erinnerungsvermögen des gealterten Goethe nicht mehr zuverlässig war, beweist, daß er in der späten Darstellung des Wernigeröder Treffens den Vater Plessing zum Superintendenten „beförderte".

Die angebahnte Beziehung der beiden jungen Leute sollte allerdings Bestand haben: „Plessing besuchte Goethe in Weimar, man tauschte untereinander meist nie gelesene Manuskripte, Goethe unterstützte Plessing mit einem Darlehen. Dennoch hatte der einst Unstete nun doch im Studium der Philosophie festen Fuß gefaßt, promovierte 1783 bei Immanuel Kant in Königsberg und erhielt 1788 die Berufung zum Professor der Philosophie nach Duisburg, wo er unverheiratet am 8. Februar 1806 starb...In Duis-

12 Herse, Goethe in Wernigerode, S. 217.

burg hatte ihn Goethe am 5. Dezember 1792 auf der Rückkehr von der Campagne in Frankreich noch einmal persönlich aufgesucht"[13]. Einem Brief an Plessing verdanken wir eines der bewegendsten Selbstbekenntnisse Goethes; er schrieb ihm am 26. Juli 1782 aus Weimar:

So viel kann ich Sie versichern, daß ich mitten im Glück in einem anhaltenden Entsagen lebe und täglich bei aller Mühe und Arbeit sehe, daß nicht mein Wille, sondern der Wille einer höheren Macht geschieht, deren Gedanken nicht meine Gedanken sind.

Vom nächsten Reisetag, dem 4. Dezember, meldet das Tagebuch:

Über Ilsenburg auf Goslar; bei Schefflern eingekehrt; ingrimmig Wetter.

Der erste Brief an Charlotte aus dem Harz, dem der erwähnte Zettel aus Elbingerode beigefügt wurde, berichtet ausführlicher über die besonders unangenehmen Begleitumstände, unter denen Goethe die Teilstrecke Wernigerode – Goslar zurücklegen mußte:

Donnerst. d. 4. Dez.77.

Von hier wollt ich Ihnen zuerst schreiben, Sie sehen aber aus dem Bleistift-Blättchen, daß ich früher laut geworden bin. Ein ganz entsetzliches Wetter hab ich heute ausgestanden; was die Stürme für Zeugs in diesen Gebirgen ausbrauen, ist unsäglich, Sturm, Schnee, Schloßen, Regen, und zwei Meilen an einer Nordwand eines Waldgebirges her, alles fast ist naß, und erholt haben sich meine Sinne kaum nach Essen, Trinken, drei Stunden Ruhe u. s. w. – – (Es folgt die bereits zitierte Schilderung des Besuches bei Plessing.) Hier bin ich nun wieder in Mauern und Dächern des Altertums versenkt. Bei einem Wirte, der gar viel Väterliches hat; es ist eine schöne Philisterei im Hause, es wird einem ganz wohl. – – Wie sehr ich wieder auf diesem dunklen Zug Liebe zu der Klasse von Menschen gekriegt habe, die man die niedere nennt, die aber gewiß für Gott die höchste ist! Da sind doch alle Tugenden beisammen, Beschränktheit, Genügsamkeit, gerader Sinn, Treue, Freude über das leidlichste Gute, Harmlosigkeit, Dulden – Dulden – Ausharren in un – – ich will mich nicht in Ausrufen verlieren.

Ich trockne nun jetzt an meinen Sachen! – sie hängen um den Ofen. Wie wenig der Mensch bedarf, und wie lieb es ihm wird, wenn er

---

13 von Gynz-Rekowski, Wo wohnte Goethe in Wernigerode? S. 216.

fühlt, wie sehr er das Wenige bedarf. – Wenn Sie mir künftig was schenken, lassen Sie's etwas sein, was man auf so einer Reise braucht. – Nur das Stück Papier, wo die Zwiebäcke eingewickelt waren, zu wievielerlei mir's gedient hat! – Es kann nicht fehlen, daß Sie hier nicht lachen und sagen: Schließlich wird's also den Weg alles Papiers gehen! – Genug es ist so – – Ihre Uhr ist denn doch ein hübsch Vermächtnis. – –
Ich weiß nun noch nicht, wie sich diese Irrfahrt endigen wird; so gewohnt bin ich, mich vom Schicksal leiten zu lassen, daß ich gar keine Hast mehr in mir spüre. Nur manchmal dämmern leise Träume von Sorglichkeit wieder auf, die werden aber auch schwinden. (NB. Ich rede hier von einer kindischen Sorglichkeit, nie übers Ganze, sondern über einzelne kleine Fälle.)
d. 5. Dez. Guten Morgen noch bei Lichte. Es regnet gar arg, und niemand reist, außer wen Not treibt und dringend Geschäft; und mich treiben seltsame Gedanken in der Welt herum. Adieu. Grüßen Sie Steinen.
Dieser erste Brief von unterwegs ist nicht nur als Reisebericht von Bedeutung, sondern ungewollt auch eine besonders liebenswerte autobiographische Skizze des jungen Goethe. Aus vielen Einzelzügen ergibt sich ein lebendiges Bild. Da ist vom Wetter die Rede und – im Zusammenhang mit Plessing – vom Willen der Götter; von der Sympathie für die sogenannte ,,niedere Klasse''; von der bescheidenen Reiseausrüstung in Verbindung mit dem ebenso deutlich wie unbefangen vorgetragenen Wunsch, sie gelegentlich von Charlotte ergänzen zu lassen; ein spaßig eindeutiger Hinweis auf den ,,Weg alles Papiers'' fehlt nicht, und unvermittelt schließt der abendliche Brief an die geliebte Frau mit der dunklen Andeutung über den ungewissen Verlauf seines weiteren Reiseweges, der seinem künftigen Lebensweg entspricht. –
Um von Wernigerode nach Goslar zu gelangen, benutzte Goethe gewiß die alte Halberstädter Straße, die in wechselndem Abstand vom Gebirge durch das nördliche Harzvorland führte. Wesentlich kürzere Wege wie der Ilsenburger Stieg und seine Verlängerung, der Goslarer Stadtstieg, waren für einen Berittenen allenfalls bei trockenem Sommerwetter, nicht aber bei dem scheußlichen Spätherbstwetter, das Goethe beschreibt, benutzbar.
In Goslar wohnte der Weimarer Reisende im Gasthaus Scheffler, Worthstraße 2, und damit in unmittelbarer Nähe des historischen Marktplatzes

der Stadt, der ihn allerdings ebensowenig wie der nicht minder malerische von Wernigerode beeindruckte. Das mag seinen Grund darin haben, daß man zur damaligen Zeit noch nicht daran dachte, Baudenkmäler zu pflegen. Das heute farbig herausgeputzte Fachwerk war durchweg eintönig grau übertüncht, steinerne Gebäude, insbesondere die Pfalz, ließen Anzeichen drohenden Verfalls erkennen. So war in Goslar von der Kaiserherrlichkeit der Salier und Staufer, vom Reichtum, den die Stadt in guten Zeiten dem Silbererz des Rammelsberges verdankte, kaum etwas zu sehen. Natürlich bewirkte auch das schlechte Wetter, daß am Tage der Ankunft ein Gang durch die Stadt unterblieb, zumal der einsame Reisende dort schon durchnäßt angekommen war.

Am folgenden Tage, dem 5. Dezember, regnete es heftig und unentwegt weiter. Goethe tat, was auch ein Reisender unserer Zeit in solchem Fall unternimmt: er suchte vom Wetter unberührte Sehenswürdigkeiten. Da bot sich das soeben erwähnte, damals schon rund 800 Jahre alte Erzbergwerk Rammelsberg an, das in der Reichsgeschichte – insbesondere im Machtkampf zwischen Barbarossa und Heinrich dem Löwen – eine große Rolle gespielt hatte. Es stand früher und steht jetzt — nach seiner Schließung 1988 — als Schaubergwerk zur Besichtigung offen. So machte beispielsweise 1831 Hans Christian Andersen von dieser Möglichkeit Gebrauch. In Begleitung eines Kaufmanns und, geleitet von einem Führer mit Grubenlicht, fuhr er in das Goslarer Bergwerk ein. Auch Goethe tat es, aber nichts deutet darauf hin, daß er sich vorher mit dieser Absicht getragen hätte. Auch schrieb er am Abend dieses Tages nur wenige Worte ins Tagebuch:

Früh in (den) Rammelsberg; den ganzen Berg bis ins Tiefste befahren. Auch später wurde die ausgedehnte Besichtigung des Bergwerks, die das Mitglied der Ilmenauer Bergwerkskommission tief hätte beeindrucken müssen, in Briefen an Charlotte und im Tagebuch mit keinem Wort mehr erwähnt (Andersen schrieb eine Druckseite über den Besuch des Rammelsberges). Nicht dringende Geschäfte – wie etwa die Besichtigung bergbautechnischer Einrichtungen im Hinblick auf das Projekt Ilmenau –, sondern „seltsame Gedanken" trieben den Ruhelosen im Harz umher; wir haben bereits ausführlich dargestellt, welcher Art diese Gedanken waren, der erste Brief an Charlotte setzt – wie auch die folgenden – neue Lichter.

Den nächsten Tag begab sich Goethe in den von Goslar fünf Kilometer entfernten Hüttenort Oker „und war im Faktoreigebäude (jetzt Brunnen-

straße 29) der Messinghütte Gast des Zehntgegenschreibers[14] Volkmar, mit dem er die Okerschen Hüttenwerke, vor allem die nahe Messinghütte, besichtigte. Goethe unterhielt sich mit Volkmar, der 1817 als Berghauptmann in Braunschweig verstarb, 'sehr gut'"[15].
Offenbar hatte sich der herzogliche Beamte aus Weimar nach so viel ,,seltsamen'', ,,sonderbaren'' und ,,wunderlichen'' Gedanken und Empfindungen verpflichtet gefühlt, die günstige Gelegenheit, sich im Hüttenwesen umzutun, wahrzunehmen. Nach dem Essen allerdings wandte er sich schon wieder seiner damaligen Lieblingsbeschäftigung zu: er zeichnete im Okertal. Dann kehrte er nach Goslar zurück. Im Tagebuch steht es so:
6. Dezember. Goslar. Nach den Hütten an der Oker. Gesehen die Messing-Arbeit und das Hüttenwerk; zurück. Gegessen, spazieren, vergeblich gezeichnet. Zum Zehntgegenschreiber, geschwätzt; zurück (nach Goslar).
An Charlotte schrieb er am selben Abend:
Mir ist's eine sonderbare Empfindung, unbekannt in der Welt herumzuziehen, es ist mir, als wenn ich mein Verhältnis zu den Menschen und den Sachen weit wahrer fühlte. Ich heiße Weber, bin ein Maler, habe Jura studiert oder (bin) ein Reisender überhaupt, betrage mich sehr höflich gegen jedermann und bin überall wohl aufgenommen. Mit Frauen hab ich noch gar nichts zu schaffen gehabt. Eine reine Ruhe und Sicherheit umgibt mich. Bisher ist mir noch alles zu Glück geschlagen. Die Luft hellt sich auf, es wird diese Nacht sehr frieren. Es ist erst viertel, ich hab einen Wunsch auf den Vollmond, wenn ihn die Götter erhören, wär es großen Dankes wert. Ich nehme auch nur mit der Hälfte vorlieb. Heut wollt ich zeichnen, einen lieblichen Fleck, es ging gar nicht. Mir ist's ein für allemal unbegreiflich, daß ich Stunden habe, wo ich so ganz und gar nichts hervorbringe. – – –
Ich drehe mich auf einem sehr kleinen, aber sehr merkwürdigen Fleckchen Welt herum. Die kurzen Tage machen alles weiter. Und es ist gar ein schönes Gefühl, wenn von Platz zu Platz aus Abend und Morgen ein Tag wird. – Schlafen tu ich ganz ohne Maß.
In diesem dritten Brief klingt, vom Dichter selbst zu Papier gebracht, zum erstenmal an, wie er sich mit der winterlichen Natur, die noch nicht einmal

14 In Goslar und Oker zuständiger Beamter für das Rechnungswesen der Rammelsberger Gruben- und Hüttenbetriebe (Auskunft v. G. Laub, Hamburg).
15 Laub, Zu Goethes Bergbaustudien im Harz, S. 208.

die des Hochharzes ist, eins fühlt und infolgedessen seelisch zur Ruhe zu kommen beginnt. Dem Hüttenort Oker und den dort geführten Gesprächen hat Goethe allerdings offensichtlich nicht mehr Interesse entgegengebracht als dem Goslarer Bergwerk, denn er schreibt nichts darüber; die mißlungene Zeichnung dagegen erscheint ihm erwähnenswert.

Von Goslar über Clausthal nach Altenau

Am 7. Dezember ritt Goethe vormittags weiter; nicht zuletzt deshalb, weil es ihn nach seinem Gartenhaus im Weimarer Park an der Ilm und anderen Stätten gemeinsamen Erlebens mit Charlotte zog; andrerseits wollte er unbedingt den Brocken besteigen. So hatte er noch vor dem Aufbruch morgens in Goslar an Charlotte geschrieben:

> Heute früh hab ich wahrhaftig schon Heimweh, es ist mir, als wenn mir mein Tal wie ein Klotz angebunden wäre. Ich bin immer um unsere Gegenden und treffe Sie vermutlich da an. Es ist kalt und heiterer Himmel, heut will ich hier weg und rücke Ihnen schon wieder einigermaßen näher.

Und um 10 Uhr heißt es in einer weiteren Nachschrift zum Brief des Vortages:

> Mir ist ganz wunderlich, als wenn mich's von hier wegpeitschte. Ich hab das Essen früher bestellt und will gleich fort. Adieu! Dieser Brief geht erst morgen ab. Adieu!

Das Ziel dieses Reisetages waren die einander berührenden, aber bei Goethes Besuch noch durch die Landesgrenze zwischen zwei welfischen Fürstentümern getrennten Bergstädte Clausthal und Zellerfeld im Oberharz. Auf der 600 m über NN gelegenen waldreichen Hochebene war es schon im Mittelalter, um 1200, zum Betrieb von Bergwerken und zur Anlage von Hütten zur Verarbeitung auch Rammelsberger Erze gekommen. Silbererzbergwerke waren eröffnet, doch noch keine Städte gegründet worden. Infolge einer Pestepidemie, die in großen Teilen Europas wütete, und aus verschiedenen anderen Gründen, verödete der Oberharz im 14. Jahrhundert. Erst 200 Jahre später kam dort der Erzbergbau zu hoher Blüte, nachdem Bergleute aus dem Erzgebirge in großer Zahl ihre Arbeitskraft und ihre reiche Erfahrung den Welfenfürsten zur Verfügung gestellt hatten. Die Clausthaler Bergwerke wurden die ertragreichsten des Harzes, gefördert wurden Silber, Kupfer, Blei und Zinkblende. Der Dreißigjährige Krieg, dürre Sommer – die Berg- und Pochwerke wurden mit Wasserkraft betrie-

41

ben – und Feuersbrünste – Zellerfeld brannte im 17. Jahrhundert fast ganz nieder – führten eine neue Notzeit herauf, die in der ersten Hälfte des 18. Jahrhunderts überwunden schien. Da brachte der Siebenjährige Krieg, der den Harz schwer traf, einen neuen Rückschlag. Dank der Aktivitäten des Berghauptmanns von Reden – Modernisierung der Technologie, klügere Planung und sachkundigere Durchführung der Arbeiten – konnte die Krise der Oberharzer Montanindustrie überwunden werden. Es ging wieder aufwärts.

In Clausthal und Zellerfeld – Clausthal war hannoversch, Zellerfeld braunschweigisch-wolfenbüttelsch, beide Städte zählten zusammen fast doppelt so viel Einwohner wie Weimar, ritt der „Maler Weber" am 7. Dezember spätnachmittags ein. Das gesellschaftliche Leben prägten die leitenden Beamten des Berg-, Hütten- und Forstwesens. Goethe spürte sogleich, daß „auf dem Harze" regeres Leben herrschte als in Goslar, das damals wieder einmal auf den Lorbeeren seiner ruhmreichen salischen und staufischen Vergangenheit ausruhte. Im Tagebuch Goethes steht es so:
Heimweh. Nach Clausthal. Seltsame Empfindung, aus der Reichsstadt, die in und mit ihren Privilegien vermodert, hier heraufzukommen, wo von unterirdischem Segen die Bergstädte fröhlich nachwachsen. Geburtstag meiner abgeschiedenen Schwester[16].
Im Brief an Charlotte vom 7. Dezember ist – nunmehr am Schluß – auch vom Heimweh die Rede; zuvor aber meldet sich am neunten von siebzehn Reisetagen endlich der Geheime Legationsrat aus Weimar zu Wort, der sich nun auf seiner „Dienstreise" der ihm obliegenden Verwaltungsaufgaben und seiner einschlägigen Erfahrungen erinnert:
Abends. Schöne Mondnacht und alles weiß im Schnee. Sie sehen wohl, daß ich auf den Bergen bin, weil sich in so wenig Stunden das Klima so sehr verändern kann. Aber nicht allein (das) Klima. Ich hab' Ihnen viel zu erzählen, wenn ich wiederkomme. Wenn ich nur hernach erzählen kann! Den sonderbaren dramatisch-ministerialischen Effekt, den die Welt auf mich macht, durch die ich ziehe!! Das schönste von dieser Wallfahrt ist, daß ich meine Ideen bestätigt finde auf jedem Schritt, über Wirtschaft, es sei ein Bauerngut oder ein Fürstentum, und daß sie so simpel sind, daß man gar nicht zu reisen brauchte, wenn man bei sich was lernte. Nur die Einsamkeit will mir doch nicht

16 Cornelia Schlosser, geb. Goethe, war am 8. Juni 1777 nach einer Entbindung gestorben.

42

recht (gefallen), ich hab's sonst besser gekonnt, bei Euch verwöhn' ich mich; ich möchte doch in manchen Stunden wieder zu Hause sein. Goethe quartierte sich im Clausthaler Rathaus oder in der Goldenen Krone ein. Am nächsten Morgen fuhr er in die Gruben Dorothea, Caroline und Benedicte ein, drei südöstlich von Clausthal gelegene Bergwerke, die durch Wasserlösungsstollen miteinander verbunden sind und damals ,,in bester Ausbeute'' standen. Wie das Erzbergwerk Rammelsberg wurden diese Gruben häufig besichtigt, und zwar vorwiegend von Laien. Hier standen auch ständig Steiger mit Geleucht bereit, für das ein Trinkgeld erwartet wurde, das war auch der Fall, wenn die ,,Hutfrau'' nach dem Besuch Waschwasser, Seife und Handtuch reichte [17].

In der Grube Dorothea – ein von Clausthal dorthin führender Weg trägt seit 1977 Goethes Namen – wurde sogar ein Gästebuch geführt, das im Oberbergamt aufbewahrt wird. ,,Johann Wilhelm Weber aus Darmstadt, den 8. Dez. 1777'' ist darin zu lesen.

Vielleicht war es bei dieser Gelegenheit günstig, daß der hohe weimarische Beamte incognito reiste, denn im letzten Drittel des 18. Jahrhunderts wurden seitens der Bergbehörden erstmals Bedenken laut, die, um einen Begriff unserer Zeit zu verwenden, auf Werkspionage zielten und ,,sich aus der Rivalität der landesherrschaftlichen Erzbergbaugebiete im Harz, im Erzgebirge und in Ungarn'' ergaben. ,,Ebenso wie die Harzer Bergbehörden junge Bergbeamte in andere Erzbergbaugebiete schickten, um sich dort umzusehen und nach der Rückkehr Berichte über unbekannte Abbaumethoden und Verhüttungsverfahren abzugeben, ebenso mutmaßte man bei den Behörden im Harz und vor allem auch bei den Regierungen in Hannover und Braunschweig, daß so mancher fremde Besucher mit Fachkenntnissen die wirtschaftlichen und technischen Voraussetzungen – den ,inneren Haushalt', wie man sich damals ausdrückte – im Harzbergbau auszuspionieren trachtete. Andererseits wollte man sich aber auch nicht abkapseln, weil man hier wiederum die Reaktion der Besucher, aber auch entsprechende Gegenmaßnahmen der anderen Bergbaugebiete in Sachsen, Böhmen und Ungarn fürchtete'' [18].

Goethe wollte gewiß nicht spionieren, als er in Begleitung eines Geschworenen über Dutzende von ,,Fahrten'' (Leitern) in die Tiefe stieg. Heinrich Heine, der fast ein halbes Jahrhundert später ein Gleiches tat, schrieb

17 Lommatzsch, Harzreisen einmal ,von oben' gesehen, S. 209.
18 a.a.O. S. 208.

– im Gegensatz zu Goethe – ausführlich über dieses Unternehmen, und man spürt, daß ihm anfangs nicht ganz wohl dabei war, zumal ihm der begleitende Steiger erzählt hatte, daß ,,ein unvorsichtiger Mensch hinuntergestürzt und leider den Hals gebrochen''[19] habe. Der ,,Maler Weber'', der wenige Tage zuvor wagemutig in der Baumannshöhle umhergeklettert war und in Goslar soeben unbekümmert das dortige Bergwerk besichtigt hatte, hegte offenbar keine Bedenken, sich in Schächte und Stollen zu begeben – und wäre doch fast das Opfer eines Unfalls unter Tage geworden, als vor Ort ein Stück Fels sich löste. Es traf den vorangehenden Bergbeamten, dem es dank seiner kräftigen Statur und seines geschickten Verhaltens keinen ernsten Schaden tat. Goethe wäre vermutlich von dem schweren Brocken erschlagen worden. Ins Tagebuch schrieb er am 8. Dezember:

Früh eingefahren in der Caroline, Dorothee und Benedicte. Schlug ein Stück Fels den Geschworenen vor mir nieder, ohne Schaden, weil sich's auf ihm erst in Stücke brach. Nachmittag durchgelogen. Spazieren und Spaß mit den Fremden.

Charlotte berichtete er den Vorfall erst einen Tag später:

Daß ich jetzt um und in Bergwerken lebe, werden Sie vielleicht schon erraten haben. Gestern, Liebste, hat mir das Schicksal wieder ein großes Kompliment gemacht. Der Geschworene ward einen Schritt vor mir von einem Stück Gebirge, das sich ablöste, zu Boden geschlagen; da er ein sehr robuster Mann war, so stemmte er sich, da es auf ihn fiel, daß es sich in mehr Stücke auseinander brach und an ihm hinabrutschte. Es überwältigte ihn aber doch, und ich glaubte, es würde ihm wenigstens die Füße sehr beschädigt haben, es ging aber so hin. Einen Augenblick später, so stand ich an dem Fleck, denn es war eben vor einem Ort, den er mir zeigen wollte, und meine schwanke Person hätte es gleich niedergedrückt und mit der völligen Last gequetscht. Es war immer(hin) ein Stück von fünf, sechs Zentnern. Also, daß Ihre Liebe bei mir bleibe und die Liebe der Götter.

Am 8. Dezember hatte er der Freundin nur kurz geschrieben:

Nachts. Diesmal bringe ich Sie um eine Menge toller Ideen. Heute den ganzen Tag schwätze ich mit Ihnen, was ich des Abends schreiben wollte. Und nun unterhält mich die Menschenwirtschaft durcheinander so sehr, daß ich nur gute Nacht sagen kann. Gute Nacht, Liebste.

---

19 Denecke, Romantische Harzreisen, S. 36.

Mit der Einsamkeit war es also auch an diesem Tage nichts, aber man hat den Eindruck, daß Goethe sich nach neun recht stillen Tagen, an denen er zumeist sich selbst überlassen war und ungestört über sich nachdenken konnte, nun nicht ungern in das lebhafte Treiben der beiden Bergstädte einbeziehen ließ. Auch das Wetter, das sich schon am Tage des Ausfluges von Oker nach Goslar gebessert hatte und den Reisenden im Oberharz eine herrliche Winterlandschaft mit vorwiegend wolkenlosem Himmel vorfinden ließ, mag zum Stimmungsumschwung beigetragen haben. Dies bestätigt am folgenden Morgen, dem 9. Dezember, ein Brief an Charlotte, der er auch mitteilte, wie gut es ihm tat, nach dem Taumelflug seiner wirren Gedanken während der ersten Reisetage gleichsam wieder festen Boden unter die Füße zu bekommen; und wie er es genoß, mit den Menschen, deren Bekanntschaft er nun machte, unbelastet von seinem Dichterruhm Späße zu treiben:

Es ist gar schön. Der Nebel legt sich in leichte Schneewolken zusammen, die Sonne sieht durch, und der Schnee über allem macht wieder das Gefühl von Fröhlichkeit. In meiner Verkappung sehe ich täglich, wie leicht es ist, ein Schelm zu sein, und wieviele Vorteile einer, der sich im Augenblick verleugnet, über die harmlose Selbstigkeit der Menschen gewinnen kann. Niemand macht mir mehr Freude als die Hundsfötter, die ich nun so ganz vor mir gewähren und ihre Rolle gemächlich ausspielen lasse. Der Nutzen aber, den das auf meinen phantastischen Sinn hat, mit lauter Menschen umzugehen, die ein bestimmtes, einfaches, dauerndes, wichtiges Geschäft haben, ist unsäglich. Es ist wie ein kaltes Bad, das einen aus einer bürgerlich wollüstigen Abspannung wieder zu einem neuen kräftigen Leben zusammenzieht.

Was unternahm der Reisende an diesem 9. Dezember? Das Tagebuch gibt nur knappe Auskunft:

Früh auf die Hütten. Nach Tische bei Apotheker Ilsemann, sein Kabinett sehen. Abends nach Altenau, unendlich geschlafen.

Goethe hatte vermutlich die schon seit dem Mittelalter bestehende Clausthaler Silberhütte zu den Frankenscharn besichtigt, die kurz vor 1554 neu aufgebaut und in den folgenden Jahrhunderten mehrfach erweitert worden war. Vier Jahre vor dem Besuch des Weimarer Gastes hatte man dort den ersten Hochofen eingebaut. ,,Hier wurden fast die gesamten Bleierze der Berginspektion Clausthal sowie ein Teil der bleiischen Erze der Berginspektion Grund verschmolzen. Sie war in der Hauptsache Rohhütte"[20], das heißt sie lieferte Halbfertigprodukte, die in anderen Harzer Hütten weiter verarbeitet wurden.

Nachmittags besuchte Goethe eine Gesteinssammlung, das Mineralienkabinett des Clausthaler Bergapothekers Ilsemann. In der Grube Dorothea wird man den Besucher auf die Sehenswürdigkeit und vielleicht auch auf die Modellsammlung von Bergmaschinen des ,,Kunstmeisters'' (Kunst = Technik) Christian Schwarzkopf hingewiesen haben[21], denn derartige museumsähnliche Einrichtungen ergänzten und vertieften die Führungen durch Bergwerke und Hütten aufs beste und erfreuten sich daher allgemeinen Zuspruchs. Goethes Besuch der Ilsemannschen Sammlung kann daher zum damaligen Zeitpunkt nicht als Zeichen eines besonderen Interesses an der Mineralogie gedeutet werden.

Ihn beschäftigte anderes, nämlich der weitere Verlauf seiner Reise, deren bedeutsamste Phase nun anbrach. Nach zwei gelösten, fröhlichen Tagen in Clausthal, an denen der Dichter ganz der Gegenwart gelebt hatte, kehrte nämlich jene innere Unruhe zurück, die ihn in den Harz hatte reisen lassen. Jetzt drängte es ihn, in diesem Gebirge das geheime Ziel zu erreichen, das er bisher noch niemandem, auch der geliebten Frau nicht, genannt hatte: den Brocken. Er machte sich also am Abend des 9. Dezember auf nach Altenau, ritt acht Kilometer allein durch den tief verschneiten Wald, und alles mögliche ging ihm in der großen Einsamkeit der im Mondlicht ruhenden Winterlandschaft durch den Kopf: er erinnerte sich an seine Kindheit; er dachte an den Herzog, seinen besten Freund; wieder sann er über die Wechselbeziehung von Natur und Abenteuer nach – der erste Brief an Charlotte aus Rübeland ließ das Thema anklingen[22]; seine schwere Krankheit in Leipzig fiel ihm ein und die fürsorgliche Mutter, die ihn im Elternhaus gesund gepflegt hatte, wozu ihr ein der Frohnatur ihres Herzens gemäßer Bibelspruch die Kraft gab. Der Brief an die Freundin bewahrt alle diese Gedanken auf:

Was die Unruhe ist, die in mir steckt, mag ich nicht untersuchen, auch nicht untersucht haben. Wenn ich so allein bin, erkenne ich mich recht wieder, wie ich in meiner ersten Jugend war, da ich so ganz allein unter der Welt umhertrieb. Die Menschen kommen mir noch ebenso

20 Humm, Aus längst vergangenen Tagen, S. 34.
21 Lommatzsch, Harzreisen einmal ,von oben' gesehen, S. 207 f.
22 Vergl. S. 34 f.

46

vor, nur machte ich heute eine Betrachtung. Solange ich im Druck lebte, solange niemand für das, was in mir auf und abstieg, einiges Gefühl hatte, vielmehr, wie's geschieht, die Menschen erst mich nicht achteten, dann wegen einiger widerrennender Sonderbarkeiten scheel ansahen, hatte ich mit aller Lauterkeit meines Herzens eine Menge falscher, schiefer Prätensionen. Es läßt sich nicht so sagen, ich müßte ins Detail gehen; da war ich elend, genagt, gedrückt, verstümmelt, wie Sie wollen. Jetzt ist's kurios, besonders die Tage her in der freiwilligen Entäußerung, was da für Lieblichkeit, für Glück drinsteckt.

Die Menschen streichen sich recht auf mir auf, wie auf einem Probierstein, ihre Gefälligkeit, Gleichgültigkeit, Hartleibigkeit und Grobheit, eins mit dem andern macht mir Spaß – Summa Summarum, es ist die Prätension aller Prätensionen, keine zu haben.

Liebes Gold! Ich hab' an keinem Orte Ruh, ich habe mich tiefer ins Gebirge gesenkt und will morgen von da in seltsame Gegenden streifen, wenn ich einen Führer durch den Schnee finde. Um halb vier fängt's schon hier an, Nacht zu sein, und das ist nach der Uhr des platten Landes gewiß erst drei.

Ich denke des Tags hundertmal an den Herzog und wünsche ihm den Mitgenuß so eines Lebens; aber den rechten leckeren Geschmack davon kann er noch nicht haben, er gefällt sich noch zu sehr, das Natürliche zu etwas Abenteuerlichem zu machen, statt daß es einem erst wohltut, wenn das Abenteuerliche natürlich wird.

Es ist eben um die Zeit, wenige Tage auf und ab, daß ich vor neun Jahren krank zum Tode war. Meine Mutter schlug damals in der äußersten Not ihres Herzens ihre Bibel auf und fand, wie sie mir nachher erzählt hat: ,,Man wird wiederum Weinberge pflanzen an den Bergen Samariä, pflanzen wird man und dazu pfeifen.'' Sie fand für den Augenblick Trost und in der Folge manche Freude an dem Spruche. Sie sehen, was für Zeug mir durcheinander einfällt.

Dies schrieb Goethe in Altenau, der jüngsten der sieben Oberharzer Bergstädte. Dort hatte erst im letzten Viertel des 16. Jahrhunderts der Bergbau auf bleihaltiges Silbererz und Eisenerz begonnen, doch war er im Jahre 1762 eingestellt worden. Eine Silber- und eine Eisenhütte konnten nur noch unter großen Schwierigkeiten betrieben werden. Goethe besichtigte sie nicht. Die geplante Brockenwanderung erfüllte sein ganzes Sinnen und Trachten. Er hatte im Rathaus (Markt 2) Wohnung genommen, wo der soeben wiedergegebene Brief entstand. Das Haus ist noch heute Hotel. In dem Zimmer, in dem „Maler Weber" übernachtete, sind noch die Tür, die Fenster nach Norden und die Stuckdecke unverändert geblieben. Nirgends im Harz kann man so goethenah wohnen wie in diesem Haus.

Die winterliche Brockenbesteigung

Von Altenau ging Goethe am nächsten Morgen im Dunkeln los, um möglichst früh am Tage das Torfhaus zu erreichen. Nur für einen kurzen Gruß an Charlotte nahm er sich Zeit:
Vor Tag; ehe ich wieder hier aufbreche, noch einen guten Morgen. Die Wanderung war beschwerlich, es galt, sieben Kilometer mit 335 Metern Steigung zurückzulegen; der Schnee lag dreißig Zentimeter hoch. Das erste Ziel dieses 10. Dezember, der Goethe die beglückendste und ergreifendste Stunde seiner Harzreisen bringen sollte, das Torfhaus, liegt an der höchsten Stelle der von dem heutigen Bad Harzburg nach Braunlage führenden Straße 800 Meter über NN; die Entfernung zum 342 Meter höheren Brocken beträgt in der Luftlinie 5,5 Kilometer.
Der Name Torfhaus geht auf Versuche der welfischen und Stolbergisch-Wernigeröder Forstverwaltungen zurück, den Torf der Oberharzer Moore im Brockengebiet abzubauen und zu verkohlen, um durch Verwendung der Torfkohle bei der Verhüttung der Erze den Verbrauch der bis dahin ausschließlich verwendeten Holzkohle einzuschränken, drohten doch Gruben und Hütten, den Harzer Wald aufzufressen[23]. 1714 wurde an den Lerchenköpfen in der Nähe des jetzigen Torfhauses die Torfgewinnung aufgenommen und ein Torfschuppen errichtet; ein Jahr vorher war der Brockenkrug erstmals in Communions-Forstamts-Protokollen erwähnt worden. Er diente unter verschiedenen Bezeichnungen – außer „Brockenkrug" auch „Borkenkrug" und „Torfhaus" – als Forst- und Gasthaus und lag dort, wo heute die Straße nach Altenau von der B 4 abzweigt. Das Haus brannte 1869 nach einem Blitzschlag ab. Traditionsträger des Brockenkrugs ist jetzt das „Sporthotel Brockenblick" auf dem Torfhaus, an dem 1967 von der „Ortsvereinigung Bad Harzburg der Goethe-Gesellschaft in Weimar" eine Bronzetafel mit der Darstellung der alten Försterei Torfhaus zur

---

23 Nach Benzinger, Torfhäuser im Brockengebiet, S. 504.

Alte Försterei Torfhaus

Johann Wolfgang Goethe · Der Brocken im Mondlicht
Blick vom Torfhaus – 10. Dezember 1777

Erinnerung an Goethes erste Brockenbesteigung angebracht wurde.
Die Torfköhlerei wurde bereits 1786 wieder aufgegeben, weil sie zu kost-
spielig war. Immerhin waren bis 1763 besondere, ,,aus drei aufeinander ge-
setzten Cylindern'' bestehende eiserne Öfen – vierzig an der Zahl mit einem Gewicht von je 12 dz – aufgestellt worden, die ,,unserer Brocken-
landschaft ein eigenartiges Gepräge gegeben haben mögen''[24], allerdings
wohl kaum im Winter. Als Goethe 1777 zum erstenmal in das tief ver-
schneite Torfhausgebiet kam, schrieb er darüber nichts.
Doch zurück zum bedeutsamen 10. Dezember! Der einsame Reisende kam
so früh auf dem Torfhaus an, daß sich der Morgennebel noch nicht aufge-
löst hatte und der Förster zu Hause war. Was geschah, enthält eine knappe
abendliche Tagebucheintragung:
   Früh nach dem Torfhause in tiefem Schnee. Ein Viertel nach 10 aufgebrochen; von da auf den Brocken. Schnee eine Elle tief, der aber trug.
   Ein Viertel nach eins droben. Heiterer, herrlicher Augenblick, die
   ganze Welt in Wolken und Nebel und oben alles heiter. Was ist der
   Mensch, daß du sein gedenkst? Um viere wieder zurück. Beim Förster
   auf dem Torfhause in Herberge.
So wenig diese kurze Aufzeichnung hergibt, so aussagestark sind die Briefe
an Charlotte vom 10. Dezember abends vom Torfhaus und vom nächsten
Abend aus Clausthal. In dem ersten Schreiben war Goethe offenbar noch
derart überwältigt vom Abenteuer der Brockenbesteigung – der ersten
verbürgten winterlichen überhaupt –, daß er nicht in der Lage war, der
fernen Geliebten eine Schilderung der Unternehmung zu geben, die es ihr
ermöglicht hätte, das große Erlebnis nachzuvollziehen:
   Nachts gegen 7. Was soll ich vom Herren sagen mit Federspulen, was
   für ein Lied soll ich von ihm singen? Im Augenblick, wo mir alle Prose
   zur Poesie und alle Poesie zur Prose wird. Es ist schon nicht möglich,
   mit der Lippe zu sagen, was mir widerfahren ist, wie soll ich's mit dem
   spitzen Ding hervorbringen? Liebe Frau, mit mir verfährt Gott wie mit
   seinen alten Heiligen, und ich weiß nicht, woher mir's kommt. Wenn
   ich zum Befestigungszeichen bitte, daß möge das Fell trocken sein und
   die Tenne naß[25], so ist's so, und umgekehrt auch und mehr als alles
   die übermütterliche Leitung zu meinen Wünschen. Das Ziel meines
   Verlangens ist erreicht, es hängt an vielen Fäden, und viele Fäden hin-

24 a.a.O. S. 507.
25 Bibel, Buch der Richter, 6. Kap., Verse 36—40.

gen davon, Sie wissen, wie symbolisch mein Dasein ist – – und die
Demut, die sich die Götter zu verherrlichen einen Spaß machen, und
die Hingegebenheit von Augenblick zu Augenblick, die ich habe, und
die vollste Erfüllung meiner Hoffnungen.
Ich will Ihnen entdecken (sagen Sie's niemand), daß meine Reise auf
den Harz war, daß ich wünschte, den Brocken zu besteigen, und nun,
Liebste, bin ich heut oben gewesen, ganz natürlich, ob mir's schon seit
acht Tagen alle Menschen als unmöglich versichern. Aber das Wie, vor
allem das Warum soll aufgehoben sein, wenn ich Sie wiedersehe. Wie
gerne schriebe ich jetzt nicht!
Ich sagte: Ich hab einen Wunsch auf den Vollmond! – Nun, Liebste,
tret ich vor die Türe hinaus, da liegt der Brocken im hohen herrlichen
Mondschein über den Fichten vor mir, und ich war oben heut und habe auf dem Teufelsaltar[26] meinem Gott den liebsten Dank geopfert.
Ich will die Namen ausfüllen der Orte. Jetzt bin ich auf dem sogenannten Torfhause, eines Försters Wohnung zwei Stunden vom
Brocken.
Wie nahe ist Goethe hier seinem Werther! Man vergleiche nur: ,,Mit mir
verfährt Gott wie mit seinen alten Heiligen'' im Brief an Charlotte und
,,Ich lebe so glückliche Tage, wie sie Gott seinen Heiligen ausspart'' im
Roman[27], dazu auch die Tagebuchnotiz ,,Was ist der Mensch, daß du sein
gedenkst''? Empfindungen tiefer Dankbarkeit gegenüber dem Schöpfer
kommen hier zum Ausdruck. Dann erst enthüllt der Dichter – nach einer
geheimnisvollen Überleitung – der geliebten Frau sein Reiseziel, das er bis
dahin selbst ihr verschwiegen hat, und schließlich kommt er auf einen Brief
aus Goslar zurück, in dem er von seinem ,,Wunsch auf den Vollmond''
schrieb, für dessen Erfüllung er den Göttern ,,großen Dank'' versprochen
hatte. Er stattete ihn auf dem heidnischen Teufelsaltar ab.
Erst vierundzwanzig Stunden später fand Goethe den inneren Abstand,
um Charlotte zu schreiben, wie der dem Brocken gewidmete Tag verlaufen
war:
Nur ein Wort zur Erinnerung. Wie ich gestern zum Torfhause kam,
saß der Förster bei seinem Morgenschluck in Hemdsärmeln, und dis-
kursive redete ich vom Brocken, und er versicherte die Unmöglichkeit

---

26 ,,Teufelskanzel'' und ,,Hexenaltar'' sind Namen einer Felsengruppe auf dem Brockengipfel. Goethe oder Förster Degen bildete daraus ,,Teufelsaltar''.
27 Goethe, Werke, Bd. IV, S. 290.

hinaufzugehen, und wie oft er sommers droben gewesen wäre und wie leichtfertig es wäre, jetzt es zu versuchen. – Die Berge waren im Nebel, man sah nichts, und, so sagt er, ist's auch jetzt oben, nicht drei Schritte vorwärts können Sie sehen, und wer nicht alle Tritte weiß pp. Da saß ich mit schwerem Herzen, mit halben Gedanken, wie ich zurückkehren wollte. Und ich kam mir vor wie der König, den der Prophet mit dem Bogen schlagen heißt und der zu wenig schlägt[28]. Ich war still und bat die Götter, das Herz dieses Menschen zu wenden und das Wetter, und war still. So sagt er zu mir: Nun können Sie den Brocken sehen. Ich trat ans Fenster, und er lag vor mir klar wie mein Gesicht im Spiegel. Da ging mir das Herz auf, und ich rief: Und ich sollte nicht hinaufkommen! Haben Sie keinen Knecht, niemanden? Und er sagte: Ich will mit Ihnen gehen. – – Ich habe ein Zeichen ins Fenster geschnitten zum Zeugnis meiner Freudentränen, und wär's nicht an Sie, hielt ich's für Sünde, es zu schreiben. Ich hab's nicht geglaubt bis auf der obersten Klippe. Alle Nebel lagen unten, und oben war herrliche Klarheit, und heute nacht bis früh war er im Mondschein sichtbar und finster auch in der Morgendämmerung, da ich aufbrach. Adieu! ...

An dieser Stelle erscheint es angebracht, eines Mannes zu gedenken, ohne den sich Goethes größter Wunsch, auf der ersten Harzreise den Brocken zu besteigen, nicht erfüllt hätte: des Försters Christoph Degen, verdient er doch schon deshalb, hier genannt zu werden, weil seine Bereitschaft, den dreizehn Jahre jüngeren Reisenden auf den im Winter schwer zu besteigenden höchsten Berg des Harzes zu führen, den empfindsamen Dichter des *Werther* zu Tränen rührte: Goethe selbst nennt seinen Namen nicht, wohl aber von Trebra in der Beschreibung seiner Harzwanderung mit dem Freund aus Weimar, über die im nächsten Kapitel zu berichten sein wird.

Auf die verschiedenen Bezeichnungen und die Bestimmung des bescheidenen kleinen Hauses, in das ,,Maler Weber'' am 10. Dezember 1777 einkehrte, war schon hingewiesen worden, und so erscheint Degen denn auch im Neustädter[29] Kirchenbuch abwechselnd als ,,Einwohner und Gastwirt des Communion-Torfhauses auf dem Lerchenfelde'', wo er vermutlich 1765 seine Tätigkeit aufnahm, als ,,Forstaufseher'', ,,Torfkrüger'', ,,Torf-

28 Bibel, Buch der Könige II, 13. Kap., Verse 16—19.
29 Neustadt war bis 1892 der Name von Bad Harzburg.

aufseher" und „Förster". Auch als Fremdenführer betätigte er sich. Nachdem seine erste Frau bei der Geburt eines Kindes gestorben war, hatte er zehn Wochen vor Goethes erstem Besuch eine Witwe geheiratet. Er starb 1794 auf dem Torfhaus im Alter von 58 Jahren am „hitzigen Gallenfieber" und wurde auf dem Friedhof der Neustädter Kirche beerdigt. Trebra schilderte ihn als „eifrigsten Diener" mit „munterer Laune". In einem 1778 erschienenen Botanik-Buch wird Degen als Aufseher über die Wälder des Torfhauses genannt, der in der Lage war, Interessierten den genauen Standort der seltenen Zwergbirke zu zeigen. „Degen war demnach ein Mann, der auch mit offenen Augen für die verborgenen Seltsamkeiten der Natur durch seinen Wald gegangen ist, ein Mann, mit dem gewiß auch ein Goethe sich gern und angeregt unterhalten haben mag[30]."

Welchen Weg hat der Förster seinen Gast geführt? Erst 1881 schrieb der Harzer Heimatforscher Heinrich Pröhle, er habe mit einem Altenauer Bergmann als Führer den von Goethe und Degen 1777 benutzten Weg „ausgemittelt". Für diesen Weg erschien erstmals 1892 die Bezeichnung „Goetheweg" in der Harzliteratur; er wurde 1975 vom Torfhaus bis zum Eckersprung auf Veranlassung der Harzburger Goethe-Gesellschaft vom Harzklub-Zweigverein Hannover zusätzlich mit runden Holztäfelchen ausgeschildert, die mit einem „G" in der Schreibweise von Goethes Handzeichen beschriftet sind, wie es erstmals im Thüringer Wald auf Wegen, die Goethe benutzt hat, geschehen ist.
1777 war auf den Forstkarten nur das Mittelstück dieses Weges – vom Kaiserweg bis zum Eckersprung – eingezeichnet und wohl im Gelände deutlich zu erkennen, da hier im Winter Langholz nach der Sägemühle in Neustadt „geschleppt" wurde. Anfang und Ende des Goetheweges, schmale Pfade, kannten nur Ortskundige.

---

30 Fischer, Christoph Degen, Goethes Brockenführer 1777, S. 129 f.

Von Altenau nach Eisenach

Am Morgen des 11. Dezember wanderte Goethe auf demselben Weg, den er gekommen war, über Altenau nach Clausthal-Zellerfeld zurück. Dort schrieb er abends an Charlotte:

> Heut' früh bin ich vom Torfhause über die Altenau wieder zurück und habe Ihnen viel erzählt unterwegs; o, ich bin ein gesprächiger Mensch, wenn ich allein bin.

Es folgt der schon wiedergegebene Bericht über die Brockenbesteigung, und so schließt der Brief, der letzte von der ersten Harzreise, der die Adressatin erreichte:

> Morgen geh ich von hier weg. Sie hören nun aus anderen Gegenden von mir. Fühlen Sie etwa Beruf, mir zu schreiben, geben Sie's nur Philipp[31], dem hab ich eine Adresse gemeldet. Adieu, Liebste. Grüßen sie Steinen und die Waldnern[32], aber niemanden, wo ich bin. Adieu.

Entgegen der Ankündigung, daß Charlotte den nächsten Brief „aus anderen Gegenden" erhalten werde, folgte noch ein weiterer aus dem Harz, der aber nicht angekommen ist; das geht aus einem Schreiben Goethes vom 30. Dezember hervor, das er der Freundin vierzehn Tage nach seiner Rückkehr von der Harzreise aus Weimar sandte:

> Eine Blume schick' ich Ihnen, die ich im Ausritt vom Harze unter dem Schnee aus einem Felsen für Sie gebrochen habe, es war Beilage zum Brief, der verloren ist ...

Die dem Brief vom 11. Dezember entsprechende Aufzeichnung im Tagebuch lautet:

> Clausthal. Früh ab wieder über die Lerchenköpfe herunter die Steile Wand her, über die Engelskrone, Altenauer Glück, Lilienkuppe, durch die Altenau grad durch nach Clausthal. Erholt, getrunken, gegessen, die Zeit vergängelt. Abends Briefe und eingepackt.

Am folgenden Tag trat Goethe die Rückreise an. Nachdem er den Brockengipfel, das eigentliche Ziel der ganzen Reise, erreicht hatte, lag ihm offenbar daran, so schnell wie möglich zur Jagdgesellschaft des Herzogs im Raum Eisenach zu gelangen. Nirgends verweilte er länger als notwendig.

31 Philipp Seidel war Goethes Diener und Sekretär.
32 Louise von Waldner-Freundstein war Hofdame der Herzogin Louise in Weimar.

Am 12. Dezember ging es von Clausthal nach St. Andreasberg. Beide Städte sind in der Luftlinie 16,5 Kilometer entfernt, doch war die von Goethe über Berg und Tal zurückgelegte Tagesstrecke, die längste der ersten Harzreise, natürlich wesentlich weiter. Erschwerend war neben der Schneelage besonders der Abstieg von der Stieglitzecke ins Siebertal, das er bei Schluft erreichte, und danach der Aufstieg nach St. Andreasberg. Die heutige Verbindung über Sonnenberg war damals bei winterlichem Wetter nicht benutzbar.

Die Bergstadt St. Andreasberg, wo sich der Reisende im Rathaus einmietete, liegt auf einer von Tälern und Schluchten durchschnittenen Hochebene ungefähr 650 Meter über NN. Die erste Grube, die bereits im 15. Jahrhundert angelegt worden war, trug schon den Namen der seit 1525 bestehenden Stadt. Es kam bald zu einer Blüte des Bergbaus – 116 Gruben zählte man, aber genauso schnell erfolgte ein katastrophaler Rückgang. Zu Anfang des Dreißigjährigen Krieges gingen die letzten Gruben ein, und die Silberhütte wurde abgebrochen. Mit Beginn des 18. Jahrhunderts änderte sich die Lage erneut: ,,Die von Goethe namentlich erwähnten Andreasberger Gruben warfen im letzten Drittel des 18. Jahrhunderts ... recht gute Erträge ab[33].'' Als Goethe die Stadt besuchte, hatte sie ungefähr 3000 Einwohner.

Der Weimarer Reisende fuhr, nachdem er sich von der vierstündigen strapaziösen Tour erholt hatte, in die Grube Samson ein, wo in mehreren Schächten Erz gewonnen wurde; übrigens noch bis 1910, heute ist das Bergwerk Museum. Einfahren – das bedeutete ja 1777 das Hinunter- und Wiederheraufklettern über Dutzende von ,,Fahrten''. Kein Wunder, daß es Goethe an diesem Tage ,,sehr sauer'' wurde, wie wir gleich lesen werden, aber auch ein Zeichen dafür, daß er hier dem Bergbau besondere Aufmerksamkeit entgegenbrachte. Allerdings fragt man sich, was er wohl sonst an einem Winternachmittag in der kleinen Stadt, die gewiß keinerlei Anregungen bot und wo er niemand kannte, hätte tun sollen.

Am Abend schrieb er ins Tagebuch:

Halb sieben früh aufgebrochen. Übers Dammhaus, den Bruchberg, die Schluft auf Andreasberg, angekommen um elf, meist zu Fuß. Starker Duft auf Höhen und Flächen, durchdringende Kälte. Im Rathaus eingekehrt. Abends eingefahren in Samson, durch Neufang auf Got-

33 Laub, Zu Goethes Bergbaustudien im Harz, S. 208.

tes Gnade heraus. Ward mir sehr sauer diesmal. Nachher geschrieben. Kalte Schale gemacht.

Wenn Goethe ,,abends'' schreibt, so ist wie immer die Zeit nach Sonnenuntergang gemeint. Es mag zu dieser Stunde in St. Andreasberg genauso finster gewesen sein wie in Greußen, wo Goethe ja ,,abends nach vier'' im Tagebuch vermerkt hatte.

Trotz der Strapazen des Vortages setzte der zur Hofgesellschaft Zurückkehrende seine Reise am nächsten Morgen schon früh fort. Nur noch das Tagebuch gibt über den letzten Abschnitt der Reise Aufschluß. Dort heißt es am 13. Dezember über den Verlauf dieses Tages:

Duderstadt. Früh sechs (Uhr) in Nacht und glättendem Nebel herab durchs Tal nach Lauterberg; war schon feuchter, doch noch Schnee. Auf der Königshütte während (des) Fütterns mich umgesehen. Fuhr mir was ins linke Auge. Über Silkerode nach Duderstadt. Nebel, Kot und unwissenden Boten. Abends vier in Duderstadt, mußte das Auge verbinden, legte mich vor Langerweile schlafen.

Goethe war von St. Andreasberg durch das Sperrluttertal und das Odertal nach Lauterberg geritten.

Als Bergbausiedlung im 15. Jahrhundert gegründet, lebte der Ort schlecht und recht von einigen montanen Betrieben, bis er 1839 als Wasserheilbad einen großen Aufschwung nahm.

Der Reisende warf, während sein Pferd fraß, einen Blick in die am Ortsrand gelegene Königshütte, wobei ihm ein Fremdkörper ins Auge flog. Die Eisenhütte, Eisengießerei und Drahtzieherei war damals das größte Unternehmen dieser Art im Königreich Hannover und unter anderem Zulieferer der Herzberger Gewehrfabrik, eines namhaften Rüstungsbetriebes jener Zeit[34]. Goethe verweilte dort nur kurze Zeit und verließ dann den Harz.

Daß Goethe sich in Duderstadt, wo er im Hotel ,,Tanne'' wohnte, vor Langerweile schlafen legte, beweist erneut, daß mittelalterliche Fachwerkstädte vor 200 Jahren kaum Beachtung fanden. Die deutsche Vergangenheit wurde erst von den Romantikern entdeckt.

Am 14. Dezember kam Goethe nach sechsstündigem Ritt bis Mühlhausen in Thüringen:

Um 8 Uhr weg allein in tiefem Nebel und Kot nach Mühlhausen. Angekommen um 2; blieb da die Nacht.

34 Mitteilung von H. H. Hillegeist, Göttingen.

Bei winterlichem Wetter erreichte der Dichter mit der Postkutsche am 15. Dezember gegen Mittag Eisenach, wo er den Herzog und dessen Jagdgesellschaft wie erwartet antraf. Ein englischer Kunstreiter, auch als Teufelsreiter bezeichnet, unterhielt die Herren. Goethe aß in der Familie des in Eisenach lebenden Vizekanzlers von Bechtolsheim, mit dem er befreundet war. Abends erzählte der in sein Land Heimgekehrte im engsten Kreis seine Reiseerlebnisse. Im Tagebuch vermerkte er über den 15. Dezember:

Früh mit einem Postillon vor sechs weg, war schon wieder kälter und hart der Weg. Gegen 11 in Eisenach; fand den Herzog und die Gesellschaft da. Englischer Reuter. Zu Becht(olsheim), gegessen ... Abends mit dem Herzog, (dem Oberforstmeister und Kammerherrn von) Wedel, dem Prinzen (Constantin, dem Bruder des Herzogs,) und (von) Knebel allein, ,erzählt' ihnen meine Abenteuer.

Wie beeindruckt die Zuhörer von der seelischen Gelöstheit des Freundes waren, dokumentiert von Knebels Tagebucheintragung vom 15. Dezember 1777: ,,Goethe kam an. Gut. Ist im Harz gewesen ... Goethe erzählt. Wunderbare Auflösung des Herzens, bewirkt durch Abgeschiedenheit.

Besser, als es in diesem letzten Satz gesagt ist, kann die Bedeutung der ersten Harzreise für Goethe wohl kaum ausgedrückt werden.

Mit dem Prinzen Constantin, dem jüngeren Bruder des Herzogs, und von Knebel fuhr Goethe am 16. Dezember nachts zwei Uhr nach Eisenach ab; gegen Mittag traf er in Weimar ein.

Das Gedicht ,Harzreise im Winter'

Als schönsten Ertrag der ersten Harzreise brachte der Dichter seine Hymne *Harzreise im Winter* mit nach Weimar. Die herrlichen Rhythmen der frei gestalteten Verse lassen mannigfache Ausdeutungen zu; sie haben sowohl ihren Schöpfer selbst und seine Zeitgenossen als auch Goethe-Forscher und Goethe-Freunde späterer Generationen zu immer neuen Interpretationen angeregt, und ein Ende solcher Bemühungen ist nicht abzusehen.

Dabei lassen sich im wesentlichen zwei Richtungen erkennen: die einen folgen der späten Auslegung Goethes, der Plessing als Bezugsperson angab. Die anderen erkennen Goethe selbst als den Verzweifelten, dem der ,,Balsam'' des Lebens am Weimarer Hof nicht selten ,,zu Gift'' geworden war, der aber im Alter Wert darauf legte, sich von dem seinen eigenen Wert aufzehrenden Einsamen zu distanzieren, und sich nicht mehr an die

Fragwürdigkeit seiner Existenz in den ersten Weimarer Jahren erinnern mochte.

Betrachtet man die Motive und den Verlauf der ersten Harzreise allein, wie hier geschehen, anhand der Tagebuchaufzeichnungen Goethes und der unterwegs an Charlotte von Stein geschriebenen Briefe, so gibt es wohl keinen Zweifel daran, daß der in der Harzreise im Winter Geschilderte Goethe selbst ist. Der Dichter stand Plessing 1777 sehr viel ferner als später; dessen Pessimismus und Unzufriedenheit waren ganz anderer Art als die Probleme, die den jungen Weimarer Geheimrat beschäftigten – wir haben sie eingangs aufgezeigt. Daß Goethe zu diesem Zeitpunkt dem mißmutigen Wernigeröder Studenten, dem er ,,nicht eigentlich Teilnahme, sondern kühles Interesse''[35] entgegenbrachte, ein Gedicht gewidmet haben soll, das – alles andere als ein Gelegenheitsgedicht für einen fast Fremden – neben beglückend anschaulichen Impressionen vom winterlichen Brocken

> Durch die Furten bei Nacht,
> Über grundlose Wege
> Auf öden Gefilden

zu den Urgründen menschlichen Daseins führt, ist unwahrscheinlich. Auch Ernst Vincent ist der Ansicht, ,,daß der alte Goethe, wenn er die fraglichen Verse (Aber abseits wer ists? . . .) auf Plessing bezog, lediglich ihren tatsächlichen autobiographischen Bezug auf die eigene Existenz zu verdecken trachtete[36].''

Wenn es noch einer Bestätigung dieser Auffassung bedarf, so findet sie sich in einem Brief an Merck aus Weimar vom 5. August 1778. Aus einem zeitlichen Abstand von acht Monaten blickt Goethe zurück auf seine erste Harzreise und fügt auch eine Abschrift seines bei diesem Unternehmen entstandenen Gedichtes bei. Es soll, wie es im letzten Satz heißt, dem Freunde seine – Goethes – ,,Gedanken in der Einsamkeit'' nahebringen; Plessings Seelennöte sind damit nicht gemeint.

. . .

> Von meinen Reisen muß ich Dir auch was sagen. Letzten Winter hat mir eine Reise auf den Harz das reinste Vergnügen gegeben. Du weißt, daß so sehr ich hasse, wenn man das Natürliche abenteuerlich

---

35 Schröter, Klaus, zit. von Grossel, Hanns, in Matthes, Goethes Reise nach Helmstedt und seine Begegnung mit Gottfried Christoph Beireis, S. 129, Anm. 26.
36 Vincent, Ernst, Zwei Goethe-Studien, Jena 1929, S. 32 ff., zit. bei Schöne, Auguralsymbolik, S. 43, Anm. 56.

machen will, so wohl ist mir's, wenn das Abenteuerliche natürlich zugeht. Ich machte mich allein auf, etwa den letzten November, zu Pferde, mit einem Mantelsack, und ritt durch Schloßen, Frost und Kot auf Nordhausen den Harz hinein, in die Baumannshöhle, über Wernigerode, Goslar auf den hohen Harz, das Detail erzähl' ich Dir einmal, und überwand alle Schwierigkeiten und stand den 8. Dez., glaub ich, mittags um eins auf dem Brocken oben in der heitersten, brennendsten Sonne, über dem anderthalb Ellen hohen Schnee, und sah die Gegend von Teutschland unter mir, alles von Wolken bedeckt, daß der Förster, den ich mit Mühe persuadirt hatte, mich zu führen, selbst vor Verwunderung außer sich kam, sich da zu sehen, da er viel Jahre, am Fuße wohnend, das immer unmöglich geglaubt hatte. Da war ich vierzehn Tage allein, daß kein Mensch wußte, wo ich war. Von den tausend Gedanken in der Einsamkeit findest Du auf beiliegendem Blatt fliegende Streifen.

. . . . .

III

Die zweite Harzreise

1783

Goethes Leben und Wirken zwischen der ersten und zweiten Harzreise

Vierzehn Tage nach der Rückkehr Goethes von der ersten Harzreise, am 30. Dezember 1777, starb der Kurfürst Max Joseph von Bayern. Kaiser Joseph II. versuchte daraufhin, mit dem Nachfolger, Karl Theodor, die Österreichischen Niederlande gegen bayrisches Gebiet zu tauschen, um nach dem Verlust Schlesiens Habsburgs Stellung im Reich zu festigen. Nicht nur Preußen, sondern auch die deutschen Mittel- und Kleinstaaten hätten die Nachteile zu spüren bekommen. ,,Eine grundlegende Verschiebung der innerdeutschen, wo nicht der europäischen Verhältnisse, zugleich ein Fortschreiten des . . . Auflösungsprozesses der alten Reichsverfassung zeichnete sich ab[1].''

Fast schlimmer noch war die Gefahr eines neuen Krieges, unter dem ein im Herzen Deutschlands gelegenes kleines Territorium wie Sachsen-Weimar-Eisenach besonders zu leiden haben würde. Tagebucheintragungen Goethes vom 27. März und 21. April 1778 lassen erkennen, daß sich Carl August Gedanken über die militärische Lage seines Landes machte und ,,Kriegsgeschwätz'' zu hören war. Im Mai begleitete Goethe seinen Herzog und den Fürsten Leopold von Anhalt-Dessau auf der Reise nach Berlin und Potsdam. Am Hof Friedrichs des Großen, im Exerzierhaus, bei einer Parade und einem Manöver gewannen die Gäste einen nachhaltigen Eindruck von der Macht der preußischen Militärmonarchie. Schon gut ein halbes Jahr später war es so weit. Anfang 1779 verlangte der Preußenkönig Rekruten aus dem Weimarischen, stieß jedoch auf Ablehnung seines Ansinnens. ,,Zwischen zwei Übeln im wehrlosen Zustand'', notierte Goethe, und er meinte mit den Übeln die beiden deutschen Großmächte Preußen und Österreich.

,,Am 9. Februar 1779 fand in Weimar unter dem Vorsitz Herzog Carl Augusts eine Sitzung des Geheimen Consiliums statt zu dem Zweck, nach einem Ausweg aus der schwierigen Lage zu suchen[2].'' Es wurde in dem Kreise der Gedanke laut, die deutschen Kleinstaaten möchten sich zwecks Wahrung ihrer Selbständigkeit zusammenschließen. Goethe, der natürlich an der Beratung teilgenommen hatte, formulierte sogleich eine Denkschrift über die Verhandlung, ,,wohl das längste zusammenhängende

---

1 Tümmler, Carl August von Weimar, Goethes Freund, S. 48.
2 a.a.O. S. 50 f.

Schriftstück politischen Inhalts, das wir überhaupt aus einem aktuellen Anlaß von ihm besitzen[3]." Die Idee des Geheimen Consiliums wurde 1785 mit der Gründung eines „Fürstenbundes" verwirklicht, der freilich nicht der ursprünglichen Konzeption entsprach: Preußen dominierte, so daß sich Sachsen-Weimar-Eisenach nur zögernd anschloß. Die Beitrittsverhandlungen führte Goethe. Er war auch als Geheimsekretär und Vertrauter des Herzogs häufig dessen Begleiter bei politischen Gesprächen. Mehrfach besuchte er in diplomatischer Mission die thüringischen Höfe.

Was hat dies alles mit Goethes Harzreisen zu tun? Nun, es sollte gezeigt werden, daß der einsame Brockenwanderer, der sich 1777 entschlossen hatte, im weimarischen Dienst zu bleiben, in eine immer schwerere staatspolitische Verantwortung hineinwuchs, hervorgerufen durch die ernste politische und militärische Lage des Herzogtums.

Zu Goethes Tätigkeit im Geheimen Consilium und seinen zahlreichen anderen Aufgaben kam am 5. Januar 1779, in spannungsreicher Zeit, die Übernahme der Kriegskommission, allerdings ohne militärische Führungsaufgaben, jedoch mit mannigfachen Verpflichtungen wie beispielsweise Überwachung der Rekrutenaushebungen oder Besichtigung von Remontepferden, was zahlreiche zeitraubende Dienstreisen bis in die entlegensten Dörfer des Herzogtums erforderlich machte, Fahrten, die er freilich auch für seine privaten Zwecke zu nutzen wußte: so schrieb er im Februar 1782 an Knebel:

> Das alberne Geschäft der Auslesung junger Leute zum Militär setzt mich in die Notwendigkeit, nächstens vier Wochen im Lande herumzureiten. Ich denke mir die Reise angenehm und auf alle Weise nützlich zu machen. Es gibt gar vielerlei Weisen, die Welt anzusehen und Vorteil von ihr zu ziehen.

Vierzehn Tage nach der Übernahme des „Verteidigungsministeriums" übertrug der Herzog dem Freunde auch die Leitung der Wegebaudirektion, die außer für die im Kriegsfall besonders wichtigen Straßen des Landes unter anderem für Wasserbau und Hochwasserschutz, die Pflege der städtischen Straßenpflaster und die Promenaden Weimars verantwortlich war.

1782 wurde Goethe, der vorher im Ilmenauer Bezirk bei der Beseitigung schwerer Mißstände im Steuerwesen sachkundig und hart durchgegriffen

---

3 a.a.O. S. 51

hatte, mit der Leitung der Finanzverwaltung des Landesteiles Weimar betraut.

Natürlich bestanden auch die „halbamtlichen" Verpflichtungen fort, die der junge Beamte zu Beginn seiner Tätigkeit in Weimar übernommen hatte: am herzoglichen Hof, im Kreis um Anna Amalia, wo es sich vor allem um Inszenierungen an deren Liebhabertheater im Tiefurter Park handelte; bei Baumaßnahmen der herzoglichen Hofhaltung; als Branddirektor. Neue Arbeitsgebiete ähnlicher Art kamen nach 1777 hinzu: Umwandlung des Weimarer Redoutensaals in ein Behelfstheater; Planung und Beaufsichtigung baulicher und gärtnerischer Vorhaben im Weimarer und Tiefurter Park; Mitwirkung bei der Gründung einer „Freien Zeichenschule", dort Übernahme osteologischer (knochenkundlicher) Vorlesungen.

Eine große Aufgabe allerdings galt nach der Schweizer Reise (September 1779 bis Januar 1780) als hervorragend gelöst: die Erziehung des Herzogs, den Goethe begleitet hatte. Nach Weimar zurückgekehrt, konnte dieser mit Fug und Recht in sein Tagebuch schreiben:

Jedermann ist mit Carl August sehr zufrieden, preist uns nun, und die Reise ist ein Meisterstück! eine Epopöe[4]!

Wie trug der Dichter diese nahezu erdrückende Last der Ämter und Pflichten zwischen der ersten und zweiten Harzreise? Er tat es mitunter freudig, dann wieder schien es, als müsse er darunter zerbrechen.

Erneut liest man in den Selbstzeugnissen vom „Streben nach Reinheit", das Boerner[5] wie folgt verstanden wissen will: „Goethe suchte nach Besänftigung, Mäßigung und Klarheit. Er wollte sich von den Grillen, Leidenschaften und Irrtümern seiner Jugend . . . lösen." Eines der Dokumente solchen Bemühens ist die am 14. Februar 1779 begonnene *Iphigenie,* doch wurde das Werk bezeichnenderweise erst in Italien vollendet.

Im Bemühen um Reinheit blieben Rückschläge nicht aus. Sie kamen anfangs im hier behandelten Zeitraum häufiger als später, so daß am Ende der Eindruck vorherrscht, daß sich Goethes Persönlichkeit zwar gefestigt hatte, aber noch nicht gegen alle Anfechtungen gewappnet war. Das im letzten doch immer wieder fragwürdige Ergebnis seines langjährigen Läuterungsprozesses hat Goethe in einem Brief vom 17. November 1782 an den Freund F. H. Jacobi überzeugend dargestellt:

Von meiner Lage darf ich nichts melden. Auch hier bleibe ich meinem

---

4 Veraltet für Epos (Heldengedicht).
5 S. 618.

alten Schicksale geweiht und leide, wo andere genießen, genieße, wo sie leiden. Ich habe unsäglich ausgestanden ... Laß mich ein Gleichnis brauchen. Wenn Du eine glühende Masse Eisen auf dem Herde siehst, so denkst Du nicht, daß so viel Schlacken darin stecken, als sich erst offenbaren, wenn es unter den großen Hammer kommt. Dann scheidet sich der Unrat, den das Feuer selbst nicht absonderte, und fließt und stiebt in glühenden Tropfen und Funken davon, und das gediegene Erz bleibt dem Arbeiter in der Zange. Es scheint, als wenn es eines so gewaltigen Hammers bedurft habe, um meine Natur von den vielen Schlacken zu befreien und mein Herz gediegen zu machen. Und wieviel, wieviel Unart weiß sich auch noch da zu verstecken.

Der letzte Satz ist bedeutungsschwer.

Goethes poetische ,,Arbeiten bildeten ein großes Ruinenfeld. *Faust, Egmont, Elpenor, Tasso, Wilhelm Meister, Die Geheimnisse* lagen in Bruchstücken um ihn her''[6]. Der ,,ambulirende Poeta''[7] zog sich Anfang der achtziger Jahre mehr und mehr von der politischen Tagesarbeit und der Vielzahl gesellschaftlicher Verpflichtungen zurück, sich hier wie dort auf das Wesentliche beschränkend, um sich in seinen vier Wänden ungestörter als bisher dichterischen Arbeiten widmen zu können. Trotzdem empfand er, was nun entstand, größtenteils als unzulänglich.

War diese Unzufriedenheit Ursache oder Folge jener eingangs[8] erwähnten Veränderung seines Verhältnisses zur Natur? Sie, die ihm in der Kindheit als mit Gott verschmolzen erschienen, die ihm lange Zeit, zuletzt während der ersten Harzreise, eine Art Ur-Mutter gewesen war, verwandelte sich ihm im Verlauf der zweiten Schweizer Reise zum Forschungsobjekt. Vielleicht hat damals Carl August dem Freunde die neue Richtung gewiesen[9]. Oder es trifft zu, was Staiger zur Begründung angibt: Goethe sei mehr und mehr bereit gewesen, ,,die Grenzen der Menschheit anzuerkennen''. Es gehe ihm ,,nämlich nicht mehr darum, das eigene Selbst in Himmel und Erde, in Strömen und Fluten emporzusteigern und göttliche Allmacht im Busen zu fühlen. Behutsam, Schritt für Schritt, im Unbekannten und Unvertrauten verweilend, mit Steinen, Pflanzen und Tieren als unbegriffenen Gegenständen beschäftigt, deckt Goethe eine auf festen Baugesetzen beru-

---

6 Bielschowsky, Goethe, S. 367.
7 Goethe über sich selbst in einem Brief an Knebel vom 5. 3. 1779.
8 Vergl. S. 5.
9 So Semper, Die geologischen Studien Goethes, S. 29.

Georg Melchior Kraus · Gipsklippen bei Osterode

Georg Melchior Kraus · Die Hanskühnenburg

hende Einheit auf, die den Menschen und die Natur nicht mehr im Won-
netaumel zusammenschließt, doch als verwandte, im Grunde gleiche Wesen einander begegnen läßt und schließlich ein neues, nun aber menschen-
mögliches Glück und eine unverlierbare Heimat schenkt [10]."

Im Zusammenhang mit den Harzreisen sind nur Goethes Arbeiten zur Geologie und Mineralogie von Bedeutung; darauf soll an anderer Stelle eingegangen werden. Daß er sich auch mit Botanik, vergleichender Anatomie,
Meteorologie, Farbenlehre und Physiognomik beschäftigte, sei hier nur der
Vollständigkeit wegen erwähnt.

Schließlich sind für den Zeitraum von 1777 bis 1783 noch einige Lebensda-
ten zu nennen, die für das Verständnis der zweiten Reise von Bedeutung
sind: An seinem dreißigsten Geburtstag wurde dem Staatsmann Goethe
der Geheimratstitel verliehen.

An Charlotte schrieb er unter anderem:

> ... es kommt mir wunderbar vor, daß ich so wie im Traum mit dem
> 30. Jahre die höchste Ehrenstufe, die ein Bürger in Deutschland errei-
> chen kann, betrete.

Knapp drei Jahre später erhielt der Sohn der Freien Reichsstadt Frankfurt
vom Kaiser das Adelsdiplom. Eine Woche zuvor war sein Vater gestorben.
Einen Tag vor der Erhebung in den Adelsstand hatte der junge Geheimrat
das repräsentative Haus am Frauenplan bezogen, das ihm der Herzog später schenkte. Goethe empfand den Wohnungswechsel zunächst als Wohl-
tat, doch sehnte er sich oft in sein Gartenhaus an der Ilm zurück, wo er
sechs Jahre in Freud und Leid verlebt hatte. Charlotte schrieb er am 17. November 1782:

> Wieviel hab' ich verloren, da ich jenen stillen Aufenthalt verlassen
> mußte! Es war der zweite Faden, der mich hielt, jetzt hänge ich ganz
> allein an Dir, und Gott sei Dank ist dies der stärkste.

Nicht immer in den Jahren zwischen 1777 und 1783 war Goethes Verbun-
denheit mit Frau von Stein so fest, wie sie sich in dieser Briefstelle darstellt.
Die erste Harzreise hatte die Problematik der Beziehung beider nicht gelöst. Im ersten Halbjahr 1778 war sogar einmal von der Möglichkeit einer
Trennung die Rede, auch vom Umgang mit leichtfertigen Mädchen auf
dem Dorf. Dann wieder sehnte sich Goethe nach Frau und Kindern.
1779 schrieb der Dichter im Tagebuch von ,,Nähe zu Charlotte'', die – so

---

10 Staiger, Goethe, Bd. I., S. 498.

in einer anderen Eintragung – ,,sehr lieb'' war, und schließlich heißt es
von einem Aufenthalt in Kochberg, dem Gut der Steins, daß er ,,rein und
gut da gelebt'' habe und daß es ihm das erste Mal dort ,,wohl'' gewesen
sei. Die Besuche wurden häufig wiederholt.

Ende 1780 kam es zu einer schweren Krise zwischen Goethe und Frau von
Stein. In diesem Jahr hatte ihn Frau von Branconi besucht; es wird darüber
noch ausführlich zu berichten sein. Außerdem vertieften sich seine Beziehungen zu der Bühnenkünstlerin Corona Schröter, deren Verpflichtung
nach Weimar er bereits 1776 durchgesetzt hatte.

Erst in dem Jahr vor der zweiten Harzreise schienen Goethe und Charlotte
von Stein – in welcher Weise auch immer – so fest wie nie zuvor miteinander verbunden zu sein.

> Das Andenken Deiner Liebe ist immer bei mir und meine Neigung zu
> Dir, wie die Furcht Gottes der Weisheit Anfang,

schrieb Goethe der Freundin im Juli 1783.

Im Mai 1783 nahm Goethe Charlottes elfjährigen Lieblingssohn Friedrich
Constantin (Fritz) in sein Haus, den er sehr lieb gewonnen hatte. ,,Ich liebe Dich in ihm und ihn in Dir'', ,,er ist recht gut, lieb und rein'', ,,Frit-
zens Urteil über die Menschen ist unglaublich richtig'', hatte Goethe der
Freundin schon früher über den Knaben geschrieben, der auch mit auf die
zweite Harzreise ging.

Bei Frau von Branconi in Langenstein

Goethes zweite Harzreise vom 6. bis 26. September war dienstlich und pri-
vat zugleich. Der Halberstädter Domherr von Spiegel hatte Anna Amalia
von Sachsen-Weimar eingeladen, auf der Rückreise von einem Besuch ihrer
Braunschweiger Verwandten seine neuen ungewöhnlichen Parkanlagen
und sein Jagdschloß zu besichtigen, wozu er auch Goethe bat. Der Herzog
beurlaubte seinen Minister, denn dessen Begegnung mit der Braunschweiger Herzogsfamilie versprach politische Information auch über Preußen.
Goethe reiste nicht ungern nach Halberstadt, würde er doch im nahen Langenstein Madame de Branconi wiedersehen. Außerdem gedachte er, im
Harz teilweise allein, teilweise mit von Trebra geologische Studien zu be-
treiben.

Die Abreise aus Weimar erfolgte am 6. September. Der erste Brief aus dem
Harz an Charlotte von Stein, geschrieben im Schloß Langenstein vermut-

lich am Tage der Ankunft, datiert vom 9. September. Goethe und Fritz von Stein waren demnach seit diesem Tage Gäste der Frau von Branconi. Es ist nun an der Zeit, über diese ungewöhnliche Frau, die wegen ihrer Schönheit und ihrer Gescheitheit in der zweiten Hälfte des 18. Jahrhunderts so etwas wie eine europäische Berühmtheit war, das Wesentlichste zu sagen.

Maria Antonia von Elsener war als Tochter eines deutschen Offiziers und einer Italienerin 1746 in Genua geboren worden. Zwölfjährig wurde sie mit einem Herrn von Branconi verheiratet, der acht Jahre später starb. Aus dieser Ehe gingen ein Sohn und eine Tochter hervor. Ein paar Tage nach dem Tode ihres Mannes lernte Carl Wilhelm Ferdinand, Erbprinz von Braunschweig, die junge Witwe kennen. Dieser, Feldherr Friedrichs des Großen, der sich in Italien von den Anstrengungen des Siebenjährigen Krieges erholte, verliebte sich augenblicklich in die schöne junge Frau und nahm sie mit in die Stadt Heinrichs des Löwen, wo ihr sogleich auch Herzog Carl I., der Vater des Prinzen, den Hof machte. Fünf Monate nach der Ankunft in Braunschweig bekam der Erbprinz einen Sohn von seiner Mätresse. Sie erwarb, anfangs finanziell bestens ausgestattet, 1776 das Gut Langenstein und ließ dort einen Neubau errichten, der, als Goethe kam, gerade fertig geworden war. Sie hielt sich dort später nur selten auf, da Carl Wilhelm Ferdinand sich von ihr trennte und – nicht zuletzt wegen der zerrütteten Finanzen des Braunschweiger Hofes – seine Zahlungen für die Branconi und ihrer beider Sohn fast ganz einstellte.

Bei einem Aufenthalt in der Schweiz hatte die reiselustige Italienerin Johann Caspar Lavater kennengelernt. Der Züricher Pfarrer und Physiognomiker war mit vielen europäischen Berühmtheiten bekannt. Goethe traf er erstmals 1774 in Frankfurt. Als dieser und Carl August fünf Jahre später während ihrer Schweizer Reise in Lausanne weilten, hatte Goethe Lavaters intime Freundin[11] besucht. Am nächsten Tage speiste der Dichter mit ihr; er war von der Schönheit seiner Gastgeberin tief beeindruckt, was er sowohl Charlotte als auch Lavater wissen ließ.

Im August 1780 hatte Antonia von Branconi auf der Durchreise von Langenstein nach Lausanne Goethe in Weimar getroffen. Er führte sie in seine Wohnung – damals noch das Gartenhaus an der Ilm – , nach Tiefurt und

---

11 Viehoff zitiert in Goethes Leben, 2. Teil, S. 217 (Anm.) aus einem Brief der Branconi an Lavater: ,,O du Geliebter für's Leben! Seele meiner Seele! Dein Taschentuch, deine Haare sind mir, was meine Strumpfbänder dir sind, usw.''

zum Schloß Belvedere. Am dritten Tage ihrer Visite, dem 28. August, reiste sie weiter nach Frankfurt. Goethe trug ihr an seinem Geburtstag Grüße an seine Mutter auf und schrieb der Schönen am selben Tage einen Brief, der noch vor der Adressatin im Haus am Hirschgraben eintraf. Jede Zeile zeugt von der Begeisterung, in die Frau von Branconi ihren Verehrer erneut versetzt hatte. Offenbar war auch sie von Goethe angetan. Sogleich beantwortete sie seinen Brief[12]. ,,Konnte nicht eine Liebe und Ehe diese beiden vom Himmel so reich begabten Menschen vereinigen?'' fragt Wilhelm Bode. ,,Hätte Goethe jetzt nicht zugreifen sollen . . .?''[13], und er sieht den Grund dafür, daß dies nicht geschah, darin, daß der Vielumworbene ,,kein Mann raschen Entschlusses'' gewesen sei, doch ist es wahrscheinlicher, daß es die Liebe − nicht nur Freundschaft, wie Bode schreibt − zu Charlotte von Stein war, die Goethe Abstand wahren ließ. Ein Brief an Lavater stellt es so dar[14], und die Tagebucheintragung vom 29. August, die mit ,,Nachts zu Charlotte'' schließt, bestätigt es wohl. Auch beantwortete er Antonias Brief erst spät und reserviert; beide verloren sich eine Zeitlang aus den Augen.

Die Branconi reiste viel umher und kehrte erst im Sommer 1783 für längere Zeit nach Langenstein zurück, wo sie die Inneneinrichtung ihres endlich fertiggestellten Schlößchens überwachte, viele Gäste empfing und in regem gesellschaftlichem Verkehr mit Halberstädter Freunden stand. Auch der Domherr von Spiegel und der Domsekretär Gleim gehörten zu ihrem Bekanntenkreis in der alten Bischofsstadt.

So war der Stand der Dinge, als Goethe jenen ersten Brief von der zweiten Harzreise schrieb. Auf diesen und die folgenden sind wir angewiesen, wenn wir versuchen, das Geschehen der nächsten vierzehn Tage nachzuvollziehen, denn Goethe führte seit dem 13. Juni 1782 vorerst kein Tagebuch mehr. Die erste Nachricht an Charlotte aus Langenstein lautet:

Erst heute abend schreib' ich meiner Lotte, mit der ich mich diese gan-

---

12 Ihr Brief wurde Goethe am späten Abend des 6. September 1780 im Jagdhäuschen auf dem Kickelhahn, einer der höchsten Erhebungen des Thüringer Waldes, überbracht. Nun standen ihm gleichzeitig Charlotte im nahen Weimar und Antonia Branconi im fernen Land mit allen ihren Vorzügen lebendig vor Augen. Die Unruhe, die ihn nach dem Besuch der ,,schönen Frau'' ergriffen hatte und die sich gerade zu legen begann, quälte ihn erneut. Unter dem Eindruck der nächtlichen Stille über den sommerlichen Wäldern schrieb er an das Fenster des Jagdhauses die Verse ,,Über allen Gipfeln ist Ruh...''

13 Wilhelm Bode, Frau von Branconi, S. 28 f.

14 Vergl. S. 19.

ze Zeit im stillen beschäftigt habe. Ich wünschte, Du wärest den ganzen Tag um mich unsichtbar und trätest abends, wenn ich allein bin, wie aus der Mauer hervor; Du würdest fühlen, was ich jetzt mit so vieler Freude fühle, daß ich nur allein Dein bin und Dein sein kann. Wie hoffe ich auf den Augenblick, Dich wiederzusehen; Du hast mich mit allen Banden an Dich gebunden.

Mir geht es bis hierher sehr wohl, man begegnet mir auf das beste, und Fritz ist recht artig und faßt sich bald, wenn ihm etwas gegen die Stirne läuft.

Ich habe Dir viel zu erzählen; es wird mir gut tun, fremde Luft einzuatmen und mein Verhältnis von weitem zu betrachten. Die Existenzen fremder Menschen sind die besten Spiegel, worin wir die unsrigen erkennen können.

Das Wetter ist nicht sehr günstig; der Harz schickt Stürme und Wolken, indessen hat es nicht geregnet, und das ist schon dankenswert.

Die Herzogin, wie ich höre, kommt erst Montag, d. 15. hierher oder vielmehr nach Halberstadt. Ich weiß nicht, ob ich sie sehen werde.

Ich freue mich herzlich auf Deinen Brief in Zellerfeld.

Lebe wohl und behalte mich in Deinem Herzen und empfange mich wieder, wie Du mich verabschiedet hast. Es ist in der weiten Welt allerlei Vergnügliches und wenig Trost zu holen, den ich allein in Deiner Nähe finde. Lebe wohl, Geliebteste.

Wie man sieht, ist der Brief zur Hälfte ein Bekenntnis inniger Liebe zu Charlotte; das Verhältnis zur Branconi erscheint demgegenüber kühl – Goethe spricht von ihr nur mit dem unpersönlichen ,,man''. Er ist im übrigen um Selbsterkenntnis bemüht und konstruiert zum Schluß eine Art Gegensatz zwischen Vergnüglichem in der Welt – hier vielleicht verkörpert durch Frau von Branconi? – und dem Trost, wohl in Zeiten der Niedergeschlagenheit gespendet von Frau von Stein. Nur ein Satz – über das Wetter – nimmt auf die erste Station der Reise Bezug.

Nach einem Ruhetag in Langenstein begannen am 11. September Ausflüge in den nordöstlichen Teil des Harzes, von dem Goethe auf der ersten Harzreise nur Elbingerode, Rübeland mit der Baumannshöhle und Wernigerode kennengelernt hatte.

Ziel des ersten Wandertages war die Roßtrappe, der Sage nach der Hufeisenabdruck eines Riesenpferdes, nach Klopstocks gleichnamiger Ode von Druiden und Barden als ,,Huf des heiligen weißen Rosses'' hoch über dem

Bodetal, dem imposantesten des Harzes, in einen mächtigen schroffen Felsen gehauen. Von dort stiegen Goethe und Fritz von Stein vermutlich auf einem sehr alten Weg, der „Schurre", zum Fluß hinunter, in dem sie, auf einer vom Wasser umflossenen Granitplatte sitzend, rasteten. Von dort gingen sie frisch gestärkt nach Blankenburg weiter.

Die Stadt hatte damals ihre schönste Blütezeit hinter sich, hatte doch von 1690 bis 1735 im Barockschloß Herzog Ludwig Rudolf von Wolfenbüttel residiert und eine glänzende Hofhaltung mit rauschenden Festen, Jagden, Schäferspielen und Komödien entfaltet. Vom Glanz dieser Zeit mag, als Goethe und sein junger Begleiter ein halbes Jahrhundert später hier weilten, noch ein matter Schein über den malerischen Gassen und großzügigen Parkanlagen gelegen haben.

In Blankenburg übernachteten die beiden Wanderer[15], und von dort berichtete Goethe der Freundin über den Verlauf des Tages:

Ohngeachtet meiner Müdigkeit muß ich Dir heute abend schreiben, denn gewiß heute waren alle Deine Wünsche bei mir. Der erste schöne Tag seit der ganzen Reise! Solang' ich bei der schönen Frau war, hast Du immer Sturm und leidig Wetter gemacht und dafür meine Wallfahrt nach dem Roßtrapp gesegnet. Es war ein köstlicher Tag. Und nachdem ich mich oben umgesehen hatte, stiegen wir in's Tal herunter, wo ich dich hundertmal hingewünscht habe, als ich mit Fritzen auf einem großen, in den Fluß gestürzten Granitstück zu Mittag aß. Du glaubst nicht, wie artig er ist, wieviel Delikatesse er gegen mich zeigt. Ich habe nur einige Mal nötig gehabt, mit ihm ernstlich über kleine Unarten zu sprechen; Du solltest sehen, welch eine reine Wirkung es getan. Ich bin auch einzig glücklich in Dir und ihm, alles andere kann ich mir nicht zueignen. Man begegnet mir überall auf das artigste, ich habe und zeige auch gute Laune, rede viel und habe doch noch kaum einen offenen, ganz aufrichtigen Augenblick gehabt. Laß

---

15 So auch F. Dennert, Goethe und der Harz, S. 181. Bode nimmt dagegen an, daß die beiden Harzreisenden zur Übernachtung nach Langenstein zurückkehrten (Frau von Branconi, S. 48); das ist jedoch unwahrscheinlich, da der Weg von Langenstein nach Rübeland, dem Ziel des nächsten Tages, über Blankenburg führte. Auch gibt es eine Blankenburger Überlieferung, wonach Goethe und Fritz v. Stein im Gasthof „Zur grünen Tanne" (später „Goldener Engel", Markt 5) wohnten. Dieses Haus, eines der ältesten der Stadt, brannte 1945 nach einem Bombenangriff ab (nach H. J. Caspar).

uns ja nie auch nur vorübergehend verkennen, was wir einander sind.
Am 12. September besuchte Goethe erneut die Baumannshöhle, für die er
ja bereits während der ersten Harzreise [16] die größte Aufmerksamkeit gezeigt hatte. Die nun mit Fritz von Stein besichtigten Marmorbrüche und
die Marmormühle sind Vorläufer der heutigen Harzer Kalk- und Zement-
werke Rübeland.
Nach der Rückkehr in das Langensteiner Schloß übernachteten die beiden
Reisenden dort zum letzten Mal.
Am nächsten Morgen schrieb Goethe an Charlotte:

> Wir haben gestern noch einen sehr schönen Tag gehabt, um nach der
> Baumannshöhle zu fahren, die Marmorbrüche und -mühle im Rübe-
> lande zu besehen. Heute abend geh' ich nach Halberstadt, wo die
> Herzogin morgen durchgeht, ich will dieses Blatt Deiner Schwägerin
> mitgeben, meinen ersten Brief von hier aus wirst Du erhalten haben.
> Wie sehnlich habe ich Dich an manchen Stellen zu mir gewünscht, sie
> sind außerordentlich schön und würden durch Deine Teilnahme
> himmlisch geworden sein, um mich hier am rechten Platze des Aus-
> drucks der Fritzchen Voß zu bedienen.
> Fritz ist sehr glücklich und bildet sich zusehends. Er macht mir viel
> Freude und gewiß auch Dir, wenn er wiederkommt.
> Ich bin sehr neugierig, den Herzog zu sehen, und lasse mich es nicht
> merken. Lebe wohl. Ich schreibe Dir morgen noch ein Wort dazu.

Die erwähnte Schwägerin Charlottes war Sophie Charlotte von Stein, Hofdame der Herzogin-Mutter Anna Amalia und deren Begleiterin auf der
Reise nach Braunschweig. ,,Fritzchen'' Voß hieß in Wirklichkeit Amalia
Friederike von Voß und war die neunzehnjährige Tochter eines in Weimar
lebenden britischen Kapitäns. – Bei dem Herzog, den zu sehen Goethe
neugierig war, handelte es sich um Carl Wilhelm Ferdinand von Braunschweig, der 1780 Herzog geworden war. Es war zu vermuten, daß er seine
Schwester bis Halberstadt begleitete.
Am 13. September abends reiste Goethe von Langenstein ab. Daß ihm der
Abschied von der ,,schönen Frau'' schwer gefallen ist, schrieb er Charlotte
nicht, doch korrespondierte er in der Folgezeit weiter mit ihr, und genau
ein Jahr später war er wieder einige Tage bei ihr zu Gast.

16 Vergl. S. 33.

Beim Domherrn von Spiegel in Halberstadt

Wer war der Mann, der das braunschweigische Herzogspaar, die Weimarer Herzogin-Mutter und Goethe zu sich einladen durfte, ohne eine Absage befürchten zu müssen?

Ernst Ludwig Spiegel, Freiherr zum Diesenberg, wurde 1711 in Gießen geboren. Sein Vater ließ den begabten Sohn elfjährig an der Universität seines Geburtsortes immatrikulieren und starb drei Jahre später. Ein Verwandter übernahm die Vormundschaft für den vierzehnjährigen Studenten und vermachte ihm, bevor er verschied, sechs Güter im Vorland des Südharzes. Als Spiegel eine entfernte Verwandte aus der Pickelsheimer Linie seines Geschlechtes heiratete, brachte sie ein Gut im Braunschweigischen mit in die Ehe, und zwei weitere erwarb er käuflich. Mit dem väterlichen Erbe verfügte Ernst Ludwig Spiegel also über zehn Güter. Zudem übernahm er durch Vermittlung eines Onkels, des Halberstädter Domdechanten von dem Bussche, schon in jungen Jahren das einträgliche Amt eines Halberstädter Domherrn; in dieser Stellung unterstand ihm das Schulwesen der Stadt[17].

Darüber hinaus zeigte sich Spiegel sehr aufgeschlossen für Kunst und Wissenschaft. Er, der Domsekretär J. W. L. Gleim, den Goethe in Weimar kennengelernt hatte[18], die Halberstädter „Literarische Gesellschaft" und, wenn sie in der alten Bischofsstadt weilte, auch Anna Luise Karsch, die „deutsche Sappho", mit der Goethe 1775 und 1776 Briefe gewechselt hatte, entfalteten ein reges literarisches Leben zunächst im Geist der Aufklärung, später nach den Ideen Rousseaus. Spiegel, der „sein großes Vermögen jeweils zum Wohle der Menschheit verwandte"[19], und Gleim waren die Mäzene dieses Kreises.

Rousseaus Gedanken, insbesondere seine Forderung „Zurück zur Natur", mögen den reichen Domherrn von Spiegel auch bewogen haben, auf Anregung seiner Freunde die später nach ihm benannten Spiegelsberge, ein ödes Hügelgelände südlich von Halberstadt, zu erwerben, nach dem Ende des Siebenjährigen Krieges im Verlauf von zwanzig Jahren zu einer Art Naturpark nach englischem Muster umzugestalten und, wie es gleichzeitig

---

17 Nach Faulhaber, Ernst Ludwig Spiegel, Freiherr zum Diesenberg, S. 8.
18 Vergl. S. 16 f.
19 Faulhaber, a.a.O., S. 8.

unter anderem im Weimarer Ilmpark geschah, mit allerlei Bauwerken auszustatten. So entstand in langjähriger Bauzeit am Nordhang der Berge mit Blick auf Halberstadt ein Jagdschloß, das den Literaten der Stadt häufig auch als Musentempel diente, wo man sich in anakreontischer Fröhlichkeit gern versammelte. In den Keller wurde aus dem nahegelegenen, verfallenen Schloß Gröningen ein Riesenfaß eingebracht, das im 16. Jahrhundert Meister Werner, der Erbauer des weltbekannten Heidelberger Fasses, geschaffen hatte. Friedrich der Große hatte es Spiegel geschenkt, als er es kaufen wollte [20]. Ferner ließ der Domherr das Belvedere, ein tempelartiges Gebäude mit daraufgesetztem Aussichtsturm, drei größere Grotten, die er nach seinen Freunden benannte, und zahlreiche kleinere Grotten aus Sandsteinquadern aufführen, eine Höhle in den Felsen hauen und ein Schießhaus errichten.

Zum Abschluß der Arbeiten entstand unterhalb des Jagdhauses ein Mausoleum für den Bauherrn, das 1783 fertig geworden war und so den Gästen aus Braunschweig und Weimar gezeigt werden konnte. Spiegel wurde dort zwei Jahre später beigesetzt. Halberstadt trauerte um einen Menschenfreund, der in idealer Weise den Geist der Aufklärung verkörpert hatte. Die nach ihm benannten Anlagen, die er schon zu Lebzeiten für die Allgemeinheit freigegeben hatte, dienen auch in unserer Zeit noch der Entspannung und Erholung.

Auf Goethe machten sie, wie es zunächst schien, keinen Eindruck. In seinen Briefen an Charlotte erwähnte er sie nicht. In den *Tag- und Jahresheften*, die 1817 bis 1826 entstanden, fand der alte Goethe bitterböse Worte über die in Spiegels Park in Stein gehauene ,,vermaledeite Gesellschaft'' ,,häßlicher Kreaturen''. ,,Was hilft es'', fragt er schließlich voller Zorn, ,,die Sinnlichkeit zu zähmen, den Verstand zu bilden, der Vernunft ihre Herrschaft zu sichern, die Einbildungskraft lauert als der mächtigste Feind, sie hat von Natur einen unwiderstehlichen Trieb zum Absurden, der selbst in gebildeten Menschen mächtig wirkt und gegen alle Kultur die angestammte Roheit fratzenliebender Wilden mitten in der anständigsten Welt wieder zum Vorschein bringt [21].''

---

20 Das Monstrum faßt 132 760 l, wiegt leer – voll des süßen Weines dürfte es nie gewesen sein – 636 Ztr. und ist auch heute noch eine Sehenswürdigkeit.
21 Tag- und Jahreshefte 1805.

Doch zurück zum Jahr 1783! Halberstadt und Spiegels Naturpark waren der Schauplatz, auf dem sich die Fürstlichkeiten – außer Anna Amalia war wie erwartet Carl Wilhelm Ferdinand mit seiner Gemahlin Auguste Friederike von Hannover-England erschienen –, Goethe, Spiegel als Gastgeber im Kreise seiner Freunde, darunter Gleim, und die übrige Halberstädter Prominenz bewegten.

Einzelheiten über die Begegnung sind kaum bekannt geworden. Tief enttäuscht war Gleim, daß Goethe ihn nicht in seinem „Musentempel", dem Zimmer seines Hauses, wo er nahezu alle Dichter seiner Zeit empfangen hatte, oder in seinem „Sanssouci", dem Gartenhause, besuchte. Ein halbes Jahr später schrieb der Autor der *Preußischen Kriegslieder* an Herder unter anderem: „Könnt ich mich rühmen, daß ich Euren Goethe gefunden hätte . . ., so bät' ich, auch den zu grüßen; ich hab' ihn aber nicht gefunden, er war mir hier zu kalt, zu hofmännisch und dort[22] zu feurig und stolz – ich lieb' ihn aber doch, wie man die Mädchen liebt, von welchen man geliebt zu werden keine Hoffnung hat, und beklage, daß er stolz und feurig nicht geblieben ist[23]."

Abschließend seien hier Goethes einzige Briefe aus Halberstadt an Charlotte wiedergegeben:

d. 14. früh Halberstadt

Heute kommt die Herzogin hier an, und die ganze fürstliche Familie wird sie begleiten, ich werde sie alle sehen, und sie werden mir eine sehr willkommene Erscheinung sein. Vielleicht kann ich heute abend noch ein Wort dazu schreiben. Morgen wird sich's entscheiden, ob ich gleich auf Zellerfeld gehe oder ob ich vorher den H(errn) v. Veltheim in Harbke, das bei Helmstedt liegt, besuche; dann will ich auf Göttingen. Adressiere mir doch ja dahin einen langen Brief und laß Götzen sagen, daß er alles, was mit der Reichspost Freitag, den 19. abgehen kann, nach Göttingen, bei Magister Grellmann abzugeben unter meiner Adresse, schickt. Es verstehen sich Briefe, Pakete läßt er liegen, und schreibt nur dazu, ob etwas vorgefallen. Sage es doch dem Herzog, vielleicht hat er etwas mitzuschicken. Lebe tausendmal wohl, meine Hoffnung und Freude. Grüße Stein, die kl(eine) Frau und die Waldner. Empfiehl mich der Herzogin. Lebe wohl.

22 Bei Gleims Besuch in Weimar, vergl. S. 16 ff.
23 Zitiert bei Rimpau, Frau von Branconi, S. 91.

Die Herrschaften sind alle, außer der regierenden Herzogin, vergnügt und wohl angekommen, ich habe den ganzen Tag in ihrer Nähe zugebracht. Davon mündlich. Lotte, meine Lotte, Du bist mir alles. Was Fritz gut und verständig ist, kann ich Dir nicht ausdrücken. Hier ein Brief von ihm, er hat einen gar artigen an Carl geschrieben.

August Ferdinand Graf von Veltheim — Goethe besuchte ihn nicht — hatte sich 1779 auf sein Gut Harbke bei Helmstedt zurückgezogen, nachdem er sein Amt als Vizeberghauptmann in Zellerfeld niedergelegt hatte. Von Trebra wurde sein Nachfolger. — Johann Götze war ein Diener Goethes. — Heinrich Moritz Grellmann, Magister, später Professor in Jena, war in Bibliotheksangelegenheiten dienstlich in Göttingen. — Die ,,kleine Frau'' war Sophie von Schardt, eine Schwägerin Charlottes. — Die ,,regierende Herzogin'', Gemahlin Carl Wilhelm Ferdinands, hatte sich mit Charlotte in Pyrmont angefreundet und sich ausgebeten, deren Sohn Carl erziehen zu dürfen; dieser ist der Adressat des von Fritz von Stein geschriebenen Briefes.

Goethe als Geologe und Mineraloge

Goethes umfangreiche Forschungen zur Mineralogie und Geologie — sein Zeitgenosse Abraham Gottlob Werner unterschied als erster diese beiden Wissenschaften unter damals noch anderen Bezeichnungen — sind in ihrem Wert und ihren Ergebnissen umstritten. Es ist hier nicht der Raum, umfassend darüber zu berichten, doch sollen im folgenden wenigstens zwei voneinander abweichende Ansichten gegenübergestellt werden, da sie einen begrenzten Einblick in die Probleme geben, die Goethe seit 1780 beschäftigten, und das Verständnis seiner geologischen und mineralogischen Studien und Exkursionen während der zweiten und dritten Harzreise erleichtern. Sie genügen allerdings in der hier unumgänglichen knappen Zusammenfassung nicht zum Verständnis von Goethes geologischen und mineralogischen Schriften im einzelnen, die umfassende Kenntnisse der Geologie und Mineralogie sowie der Geschichte dieser Wissenschaften erfordern.

Recht negativ beurteilt Max Semper in seinem Werk *Die geologischen Studien Goethes* dessen Bemühungen um Erkenntnisse zur Erdgeschichte und Gesteinskunde.

Einleitend charakterisiert der Verfasser Goethe als Naturforscher wie folgt: „Am wirkungsvollsten wird die geistige Eigenart des Naturforschers Goethe dort bezeichnet und bestimmt, wo Früchte, Ergebnisse, die er vermöge seiner Eigenart, der Nachwelt vorgreifend, gewann, unmittelbar für deren Wert zeugen, also besser auf dem Gebiet der Botanik, der Morphologie, selbst der Farbenlehre, als auf dem der Geologie, in dem er mehrfach auf Nebenwege geriet, ja hinter seiner Zeit zurückblieb und kein einziges Resultat gewann, das in der heutigen Wissenschaft fortlebt und das er damals allein, als einziger oder erster vertrat[24]." Zuvor hatte Semper allerdings einräumen müssen, daß das Zeitalter Goethes in der Geologie zu den längst vergangenen Kinderjahren gehöre. Erst der sensationelle Erfolg des Buches *Les époques de la nature*, zweiter Band einer sechsunddreißigbändigen *Histoire naturelle générale et particulière* (1749—1788) des französischen Naturforschers G. G. L. de Buffon habe der Geologie als Wissenschaft zum Durchbruch verholfen; vorher sei sie „ein Thema für den untergeordneten Praktiker des Alltags, ein Tummelplatz für phantastische Gedankenspielerei" gewesen; nun aber sei „Beschäftigung mit Geologie für den Gelehrten und für den Weltmann vollwertig"[25] geworden. Auch der Vornehme durfte jetzt unbeschadet seines Ansehens studienhalber ins Gelände gehen. Semper zitiert in diesem Zusammenhang aus der Selbstbiographie von Trebras, er habe als erster Adliger, der in die Praxis des Bergbaus eintrat, mancherlei Anfechtung „von oben und unten" erdulden müssen.

Aber Buffons Buch, das Goethe während der zweiten Schweizer Reise 1779 in die Hand bekam, und die nun einsetzende Aufwertung der Geologie „waren sekundäre Einflüsse, waren (im Fall Goethes) Vorbedingungen, nicht der Anlaß zu einem zeitweise leidenschaftlichen, alles andere verdrängenden Bemühen (um geologische Erkenntnisse), das bis zum Ende seines Lebens andauerte, bald aufflammend, bald niedersinkend bis zu fast völligem Verschwinden[26]."

Den primären Impuls zur Beschäftigung mit der Geologie und Mineralogie sieht Semper bei Goethe in dem dienstlichen Kontakt mit Bergleuten, der sich infolge seiner Tätigkeit in der Bergwerkskommission ergab, und in Vorträgen über die Erfolgsaussichten des Ilmenauer Bergwerks. „Unbe-

---

24 Semper, Die geologischen Studien Goethes, S. 3.
25 a.a.O. S. 30.
26 a.a.O. S. 30.

merkt hatte sich in ihm eine geologische Grundanschauung gebildet, wie sie anhand der thüringischen Verhältnisse allein entstehen kann, im ‚Flözgebirge' . . . Diese Erfahrungen mußten ihm zum Bewußtsein kommen, als er mit geschärftem Beobachtungsvermögen (während der zweiten Schweizer Reise) im Schweizer Jura, im Montblancgebiet und im Wallis einer Gebirgswelt gegenüberstand, die sich den übernommenen Vorstellungen nicht einordnen ließ . . . Wie konnten die Faktoren der Erdgestaltung so verschienene Landesformen wie einerseits die Alpen oder überhaupt die Gebirge, andrerseits Thüringen hervorbringen[27]?'' Aus diesem Konflikt der Erfahrungen habe der Geologe Goethe ohne Praxisbezogenheit eine Lösung gesucht. Mit leidenschaftlicher Hingabe habe er sich dieses Problems angenommen; dabei sei zu berücksichtigen, daß es im 18. Jahrhundert, in der Aufklärungszeit, leichter gewesen sei, in die Geologie einzudringen, da das Lehrgebäude damals weniger ausgebaut und weniger konsolidiert war. Andrerseits habe sich eine Schwierigkeit dadurch ergeben, daß ,,das Feld der Geologie mit in den Schauplatz der Weltanschauungskämpfe einbezogen''[28] war.

Leichter sind nach Semper Goethes Interesse an Mineralien und seine Leidenschaft, sie zu sammeln und zu ordnen, zu erklären; der Autor zitiert dazu einen Brief Goethes an den Legationsrat von Isenflamm, den Residenten Weimars beim deutschen Kaiser in Wien: ,,Es ist eine Liebhaberei, wozu mich die Aufsicht über unsern neuen Bergbau zu Ilmenau berechtigt und der ich, da sie so unschuldig ist, gern nachhänge.''

Wie Max Semper berücksichtigt auch Karl Wolfgang Sanders in seiner 1949 erschienenen Arbeit *Am Altar der Schöpfung*[29] die Situation der Geologie als Wissenschaft in der zweiten Hälfte des 18. Jahrhunderts, wenn er im Gegensatz zu Semper Goethes Verdienste um diese Wissenschaft wie folgt würdigt: ,,Wohl war es seine (Goethes) Methode gewesen, vom Bekannten zum Unbekannten vorzudringen. Allein zu viele Voraussetzungen fehlten noch, selbst im Bereich des Bekannten mangelte es noch überall an tragfähigen Unterlagen; aus den einzelnen Bruchstücken des Wissens ließ sich noch kein sicheres Gebäude des Ganzen aufführen. Waltete so ein ungünstiger Stern über diesen Bemühungen, so förderte Goethe doch die Forschung nicht unwesentlich, indem er anregte, Berichte über geologische

27 a.a.O. S. 30.
28 a.a.O. S. 32.
29 S. 57 ff.

Beobachtungen aus aller Welt einzuholen sowie Sammlungen anzulegen.''
Auch Sanders hatte freilich einleitend über Goethe als Naturforscher, also aus allgemeinerer Sicht, folgendes festgestellt: ,,Dem Naturforscher Goethe war es nicht gegeben, in mühseliger Kleinarbeit Einzelheiten zu erforschen und so Bausteine für eine größere Naturerkenntnis zu sammeln; vielmehr suchte er in der Zusammenschau der Erscheinungen das Wesentliche zu erfassen und von hier aus das Einzelne zu deuten und zu verstehen.''
Im folgenden stimmt Sanders mit Semper überein: ,,Nicht alle Gedanken, die Goethe ausgesprochen hat, sollten die Zeiten überdauern, am wenigsten vielleicht seine Arbeiten zur Geologie'', doch heißt es dann weiter, die Aussage ins Positive wendend: ,,Ein Grundproblem der Geologie, die Frage der Entstehung des Granits, sollte freilich dem Naturforscher Goethe nicht entgehen, und im Harz sollte er wesentliche Erkenntnisse zur eigenen Lösung des Problems gewinnen, zu einer Lösung, die nun doch in allem Irrigen ihrer Konzeption die höhere Wahrheit schöpferischer Anschauung durchscheinen läßt.''
Von großer Bedeutung war für Goethe die Gründung der Bergakademie Freiberg in Sachsen (1765). Durch einen Schüler dieser Lehranstalt, den späteren Bergrat Johann Carl Wilhelm Voigt, der sich um den Ilmenauer Bergbau Verdienste erwarb, lernte Goethe die Theorie der ,,Neptunisten'' kennen, die an der Freiberger Akademie der erwähnte Geologe A. G. Werner[30] vertrat. Sie ,,nahmen das Wasser als Urelement des Seins und des Lebens an und ließen alle Gesteine, auch Granit und Basalt, aus dem Wasser entstanden sein''. Eine zweite Gruppe von Geologen waren ,,die ,Vulkanisten', die unter Hinweis auf Gesteine sowohl tätiger als auch erloschener Vulkane das Feuer als Urelement der Schöpfung annahmen''. Beide Richtungen gerieten in einen langen, heftigen Gelehrtenstreit. Nachdem Werner hinsichtlich der Entstehung des Basaltes Zugeständnisse gemacht und seine Auffassung Goethe persönlich vorgetragen hatte, schloß sich dieser Werners Ansicht ganz an, die dem Streben des Dichters nach Harmonie gemäßer war als die der Vulkanisten.
Noch bedeutender als die Begegnung mit Voigt und Werner wurde für Goethes geologische Studien und Forschungen das erneute Zusammentreffen mit Friedrich Wilhelm Heinrich von Trebra.

30 Nach Sanders, Am Altar der Schöpfung, S. 60; dort auch die folgenden Zitate über Neptunismus und Vulkanismus.

„Bei Trebras geht's uns gut"

„Unter den Menschen, zu denen Goethe durch seine Harzreisen in eine Wechselwirkung von bleibender Dauer trat, verdient Trebra an erster Stelle genannt zu werden. Eine Freundschaft bis zum Tode war für beide die Frucht davon[31]."

Zur ersten Begegnung des mit dem Bergwesen befaßten Dichters und des schriftstellernden Bergmannes war es ja bereits 1776 in Weimar und Ilmenau gekommen[32]. Damals hatte Goethe dem Staatsminister von Fritsch geschrieben, Trebra sei „ein ganz herrlicher Mann". Die Sympathie war gegenseitig. Was verband beide?

Der Lebensweg des hohen Bergbeamten erklärt manches. Von Trebra war kein Harzer, sondern entstammte altem thüringischem Adel. Er wurde 1740 als Sohn eines herzoglich weimarischen Hofjunkers geboren. Nach dem Besuch der Klosterschule Roßleben studierte er in Jena die Rechte, doch galten seine Neigungen mehr den Naturwissenschaften, der Mathematik und Philosophie. Als Spätentwickler fand er erst sechsundzwanzigjährig die endgültige Richtung seines Lebensweges. Der damalige sächsische General-Bergkommissar von Heinitz, Gründer der Bergakademie Freiberg, gewann Trebra als ersten Studenten für seine Hochschule und damit zum ersten Bergstudenten Deutschlands überhaupt. Schon ein Jahr später bewährte sich der junge Mann in einer Revisionskommission, was ihm unverzüglich eine Bergmeisterstelle in Marienberg (Sachsen) einbrachte. Mit beispiellosem Eifer ging er an die Arbeit. Die Schwierigkeiten, die er bei seiner Amtsübernahme vorfand, ähneln in vieler Hinsicht denen in Ilmenau, mit denen Goethe als Mitglied der Bergwerkskommission fertig werden mußte: „Wogegen aber hatte er (von Trebra) sich auch bei Antritt seines Dienstes zu wehren! Die Unredlichkeit und der Schlendrian in der Verwaltung. Der mittelalterliche Aberglaube, der im Bergbau fast so tief wie in der inneren Medizin wurzelt. Dazu die Unwissenheit, die Hilflosigkeit und das ,Faultieren' der Arbeiter. Die Mangelhaftigkeit des Maschinenwesens und das Fehlen der Geologie und Gesteinskunde als Wissenschaft und besonders ohne eine Erzlagerstätten-Lehre. Und schließlich das Versagen der Geldmittel, die als Zubuße von den Gewerken für die Weiterführung

---

31 Trommsdorf, Friedrich Wilhelm Heinrich von Trebra, S. 17.
32 Vergl. S. 29.

des Betriebes eingezogen werden mußten[33]." Dank strenger Selbstzucht und durchdrungen von den Idealen der Freimaurer – Trebra war schon früh einer Loge beigetreten –, aber auch mit einigem Glück war er in seinem Wirkungskreis derart erfolgreich, daß er 1773 zum Vizeberghauptmann befördert wurde und sein Name bald über Sachsens Grenzen hinaus einen guten Klang hatte. Deshalb forderte ihn auch die Weimarer Regierung 1776 als Gutachter für das Bergwerk in Ilmenau an.

Schon fünf Jahre zuvor hatte Trebra auf Anregung von Heinitz, der damals Vizeberghauptmann in Clausthal war, während einer Dienstreise den Harz kennengelernt und sich fast zwei Wochen lang in Clausthal aufgehalten, um Lagerstätten und bergbautechnische Einrichtungen zu besichtigen, soweit Frost und Schnee das zuließen. Als „schönsten Fund" bezeichnete Trebra die Bekanntschaft mit dem Vizeberghauptmann von Veltheim, dessen Nachfolger er 1779 werden sollte.

Trebra bezog in Zellerfeld zunächst ein Haus in der Bornhardtstraße (früher Marktstraße), in dessen Erdgeschoß sich heute die Museumsgaststätte befindet. Später siedelte er in die „bequemere und schicklichere Wohnung"[34] des von Veltheimschen Hauses in der Goslarschen Straße über, das von der Bergbehörde angekauft worden war; es brannte 1913 ab.

Für den bei seinem Dienstantritt neununddreißigjährigen Bergbeamten, der 1777 geheiratet hatte, verlief der berufliche Alltag ruhiger als in Marienberg. Nun hatte er die Möglichkeit, sich wissenschaftlichen Arbeiten zu widmen. Insbesondere konnte er sein bedeutendstes Werk *Erfahrungen vom Innern der Gebirge* in Angriff nehmen, das 1785 erschien. Das Buch spiegelt den Kampf zwischen Neptunisten und Plutonisten. Als Schüler Werners und in Auswertung seiner Beobachtungen sah Trebra „eine stetige Umwandlung in den Gebirgen im wesentlichen unter dem Einfluß des Wassers... Merkwürdig muß uns heute dabei anmuten, daß er von dem Dogma seiner Zeit, der Granit sei ein Urgestein, sich nicht loszulösen vermochte, obwohl er das reichhaltigste Beweismaterial dafür in der Hand hatte, daß der Granit ein Eruptivgestein ist[35]."

Weitere Veröffentlichungen folgten, so *Beyträge zu den elektrischen Er-*

---

33 Trommsdorf, a.a.O. S. 24.

34 Aus einem Brief v. Trebras an Berghauptmann v. Reden, zit. bei Riechers, Friedrich Wilhelm Heinrich von Trebra, S. 6; dort auch der folgende Auszug aus Trebras „Mineralienkabinett".

35 Trommsdorf, a.a.O. S. 31 f.

Georg Melchior Kraus · Der Klusfelsen in Goslar

Johann Wolfgang Goethe · Felsen am Ziegenrücken (Okertal)

scheinungen des laufenden Jahres 1783, im Jahr von Goethes Besuch.
Parallel mit den wissenschaftlichen Publikationen lief der Aufbau eines
hervorragend ausgestatteten Mineralienkabinetts. Die Sammlung enthielt
1795 nach Trebras eigenen Angaben 4723 Stücke.
Mineralien waren es wohl auch, die Goethe, nachdem sein Interesse daran
erwacht war, veranlaßten, sich mit der Bitte an Trebra zu wenden, ihm be-
merkenswerte Stücke für seine Sammlung zu überlassen, die jener 1780 mit
J. C. W. Voigt anzulegen begonnen hatte. Merck und selbst Sophie La
Roche schrieb er im Sommer ebenfalls in diesem Sinn an. Trebra schickte
dann auch „Stufen"[36].
Außerdem läßt ein Brief Goethes an Herzog Ernst II. von Sachsen-Gotha,
geschrieben am 27. Dezember 1780, erkennen, daß Goethe und Trebra um
diese Zeit im Gedankenaustausch über geologische Fragen standen. Ausge-
hend von einer in Goethes Auftrag vom „Bergverständigen Voigt in Er-
mangelung praktischer Arbeit" durchgeführten geologischen Untersuchung der „thüringischen Gegenden", heißt es in dem umfangreichen
Schreiben an den Fürsten unter anderem:
Wie vieles und Merkwürdiges hätt' ich noch hinzuzufügen, das ich bis
auf die Stunde verspare, wenn ich des Glücks, Ew. Durchl. unterta-
nigst aufzuwarten, wieder teilhaftig werde. Doch finde ich es billig,
Ew. Durchl. noch auf eine Schrift aufmerksam zu machen...: *Historia terrae et maris ex historia Thuringiae per montium descriptionem
eruta a Georgio Christiano Fuechsel*[37].
Nachdem Goethe umständlich erläutert hat, weshalb er diese Schrift nicht
zu Ende gelesen, aber dennoch in vieler Hinsicht mit seinen Erfahrungen
Übereinstimmendes darin gefunden habe, fährt er fort:
Das wenige, worin wir voneinander abgehen, hoff' ich in der Folge auch
noch zu berichtigen. Wie ich denn alle Aufsätze hiervon an Trebra'n zu
kommunizieren im Begriff stehe, mit der inständigen Bitte, daß er auf
eben die Weise vom Gipfel des Brockens, der aus Granitfelsen besteht,
bis in die tiefsten Schächte der Harzer Bergwerke, wie ich es getan, die
Schichten stufenweise verfolgen möge. Wenn wir nun also gegen einander zurücken, uns über die Namen der Gesteinsarten vergleichen und so
verschiedene Gebirge mit einerlei Augen sehen, können wir wohl ein
hübsches Stück Land für die Naturgeschichte erobern.

36 Besonders reine Stücke von Erz oder anderen Mineralien.
37 Der Arzt G. Ch. Füchsel (1722—1773) war ein bedeutender Geologe seiner Zeit.

Aus dem Brief geht deutlich hervor, wie eng – 1780 noch par distance –
die Zusammenarbeit Goethes und Trebras auf geologischem Gebiet war. Es
sollte indessen noch drei Jahre dauern, bis der Dichter und der Bergmann
auch physisch „gegen einander zurücken" konnten. Den Anfang machten
Trebra und Frau, die Goethe in Weimar besuchten. Das war im Juli 1783.
Zwei Monate später traf Goethe mit Fritz von Stein, von Halberstadt kom-
mend, in Zellerfeld ein. In einem ersten Brief an Charlotte berichtet der
Harzreisende – abwechselnd mit Bekenntnissen seiner Liebe – vom Aufenthalt in den Bergstädten, denn natürlich besuchte er auch Clausthal
wieder.

Clausthal, Sonnabend, d. 20. Sept. 83

Du wirst nun, l. L., zwei Briefe von mir haben, einen mit der Post, einen durch Frl. Stein. Du hast gewiß im Schreiben gefühlt, wieviel
Vergnügen mir die Deinigen machen würden, die ich hier gefunden
habe, und der dritte, den ich heute abend erhalte.
Meine Reise geht sehr glücklich; ich habe das schönste Wetter, und
morgen früh wagen wir uns auf den Brocken. Fritz ist gar lieb und gut
und macht mir große Freude. An ihm genieße ich jeden Augenblick
im stillen des Glücks, daß ich ganz Dein bin. Erst den 18. abends kamen wir hier an. Ich werde Dir viel von der schönen Frau erzählen; sie
wußte nicht, woran sie mit mir war, und gern hätte ich ihr gesagt: ich
liebe, ich werde geliebt und habe auch nicht einmal Freundschaft zu
vergeben übrig. Vielleicht seh' ich sie noch einmal in Göttingen oder
Kassel, denn sie geht in diesen Tagen nach Straßburg.
Hier bin ich recht in meinem Elemente und freue mich nur, daß ich
finde, ich sei auf dem rechten Wege mit meinen Spekulationen über
die alte Kruste der neuen Welt. Ich unterrichte mich, soviel es die Ge-
schwindigkeit erlaubt, sehe viel, das Urteil gibt sich.
Du wirst Dich freuen über eine Menge Ideen, die ich mitbringe, auch
über menschlich Natur und Wesen, und was Dich eigentlich angeht,
Du kannst mich immer noch einige Zeit missen, denn Du wirst der
entbehrten Tage doppelt genießen. Wie glücklich machst Du mich
durch das sichere Gefühl, daß ich Dein sei; ich bin's auch, l. Lotte, es
ist unmöglich, jemandem mehr anzugehören.
Die ersten Tage an einem Orte, wo so viel Neues auf einen zuströmt,
geht es seinen Gang, aber wenn diese Bewegung abnimmt, entsteht
eine recht ängstliche Sehnsucht nach Dir, die keine Worte aus-

drücken. Wenn ich Dir nur von den vielen schönen Gegenden etwas nach Ehringsdorf[38] schaffen könnte, daß Du es an stillen Tagen zeichnetest, wir haben die schönsten Gegenstände mancher Art gesehen. Bei Trebras geht's uns gut, es sind sehr redliche Menschen. Sie grüßt Dich recht herzlich und macht's mit Fritzen wohl. Grüße Deine Schwester, Du wirst ihr doch wohl vertraut haben, daß Dein alter Freund wert ist. Lebe wohl. Grüße den Herzog, wenn er wiederkommt, und bitte ihn, wenn er etwas zu befehlen hat, es nur nach Göttingen zu schicken. Adieu. Ich bin ganz bei Dir und grüße Dich, wo Du auch seiest, am Kamin, im Kabinette, an irgendeinem vielgeliebten Orte; gute Nacht.   G.

Goethe befand sich also in seinem Element, und damit sind – wie könnte es anders sein – Geologie und Mineralogie gemeint. Die ersten Tage im Oberharz vergingen mit der Besichtigung zahlreicher Sehenswürdigkeiten in Clausthal-Zellerfeld und Umgebung. Natürlich gab es für den jungen weimarischen Geheimrat und bekannten Dichter, der – nun nicht mehr inkognito – in Begleitung des zweithöchsten Bergbeamten[39] erschien, noch vieles zu sehen, was dem „Maler Weber'' der ersten Harzreise verborgen geblieben war. Kleine geognostische Exkursionen mit Trebra und beider Gedankenaustausch über die Geschichte der Erde ergänzten sich. Die Partner verstanden einander auf das beste, da sie beide, von einigen Einschränkungen abgesehen, Neptunisten waren. Trebra hat ein solches Gespräch in seinem 1795 erschienenen *Mineraliencabinet* wiedergegeben: „Wie weit sich doch im Entwerfen der Wege, welche die so geheim wirkende Natur etwan gehen möchte, auch bis auf die höchsten Felsenspitzen und bis tief in der Berge Inneres versteigen kann! – Und wenn wir nun einmal im Steigen sind, sagte mein Freund (Goethe) zu mir, als ich ihm mit meinem Mineralienvorrate und dem Phantasieren darüber eben einige Stunden lang ein angenehmes Spiel gemacht hatte, wollen wir nicht noch etwas weiter und bis zu einem Entwurf hinaufsteigen, wie unsere Erde diese ihre

38 Bei Weimar gelegen.
39 An der Spitze beider welfischer Bergverwaltungen, nämlich der königlich großbritannischen für den „einseitigen Harz'' und der braunschweigisch-wolfenbüttelschen für den „Communion-Oberharz'', standen der Berghauptmann (v. Reden) und als sein Stellvertreter ein Vice-Berghauptmann (v. Trebra), jedoch gab es nur für den braunschweigisch-wolfenbüttelschen Bereich noch einen weiteren Vice-Berghauptmann (v. Praun). (Nach dem Hannoverschen Staatskalender 1785).

gegenwärtige Bildung ohngefähr hätte erhalten können? Das wäre ja kein Entwurf zum Zerstören der Welt; auch nicht zum Glaubensartikel aufgestellt, der andern mit Feuer und Schwert aufgedrungen werden soll. – So machten wir denn, hingestellt vor den Mineralienschrank, folgenden Entwurf auch hierzu: Dieser knoppige, höckrige Erdball, dessen größter Teil auch jetzt noch immer unter Wasser steht, war gänzlich mit Wasser bedeckt, vorhin ein öder, düsterer, allgemeiner See.''

Höhepunkt der zweiten Harzreise war wiederum eine Brockenbesteigung, die Goethe mit Fritz von Stein und dem Diener Christoph Sutor unter Führung Trebras am 21. September unternahm. Vor dem Aufbruch schrieb Goethe der Freundin noch einen Gruß:

Ehe wir den Brocken besteigen, sage ich Dir noch einen guten Morgen. Das Wetter hat sich überzogen, vielleicht kommt uns das morgen früh zugute, denn wir bleiben diese Nacht oben. Oben auf dem Gipfel auf den alten Klippen will ich mich nach Deiner Wohnung umsehen[40] und Dir die Gedanken der lebhaftesten Liebe zuschicken. Schon vor mehreren Jahren tat ich dasselbe, und wieviel anders ist's jetzt! Lebe wohl, meine Beste! Ich schreibe bald wieder.

Die Reisenden ritten nach dem Torfhaus. Nach F. Dennert nahmen sie den Weg über Altenau[41]. G. Laub ist anderer Ansicht und führt folgendes aus: ,,Von Trebra schrieb dreißig Jahre später in *Lebensverhältnisse mit Ober-Berghauptmann von Trebra* zu dieser Brockenbesteigung Goethes: ,Natürlich mußte ich ihn selbst nach dem Brocken führen, der nun gewissermaßen unter meinen Dienstsprengel mit gehörte. Von Zellerfeld aus, wo ich wohnte, nach nächstem Wege, und damit ich durch eine noch nicht durchreiste Gruppe der Harz-Gebirgsköpfe zum höchsten unter ihnen steigen konnte, ging ich diesmal auf das sog. Communion-Torfhaus zu...' Daraus kann der Anmarschweg Trebras und Goethes mit einiger Wahrscheinlichkeit ermittelt werden... Weil Trebra schreibt, der Anmarsch habe von Zellerfeld aus ,nach nächstem Wege' zum Torfhaus geführt, wird er den Weg über den Dietrichsberg ins Okertal, von dort über den Ochsenberg nach den Lerchenköpfen und von diesen nach eigener Angabe das entsprechende Teilstück ,der Straße von Braunschweig nach Nordhausen' (der jetzigen B 4) bis zum Torfhaus gewählt haben. Das lehrt jedenfalls das zeitge-

40 Bei guter Sicht kann man vom Brocken bis zum Thüringer Wald und in den nördlich davon gelegenen Raum Weimar sehen.
41 In einem mir vorliegenden Manuskript ,,Goethes zweite Brockenbesteigung''.

84

nössische Kartenblatt der Kurhannoverschen Landesaufnahme von 1784[42]."

Auf dem Torfhaus verzehrten die Touristen ihren mitgebrachten Proviant im Beisein des Försters Degen, der Goethe nach sechs Jahren wiedererkannte. Daß jener seine Gäste nach dem Frühstück auf dem Goetheweg nach dem Brocken führte, wie F. Dennert weiter angibt, ist nach Trebras von G. Laub zitiertem Bericht unwahrscheinlich; ganz abgesehen davon auch schon deshalb, weil der Vizeberghauptmann schon zweimal auf dem Brocken gewesen und der Weg ihm daher bekannt war. Morast und Sümpfe, die im Winter mühelos überquert werden konnten, bargen bis zu den Hirschhörnern Schwierigkeiten und Gefahren. Reiten konnte man auf dem schmalen Jägerpfad nicht.

Gegen Abend kamen die Wanderer auf der Heinrichshöhe an, die – rund hundert Meter niedriger als der Brocken – früher noch Kleiner Brocken hieß und Quartier für die Nacht bot: Einfache Leute kehrten in einem 1743 vom Grafen Christian Ernst von Stolberg-Wernigerode erbauten Wirtshaus ein, das eigentlich zur Unterkunft für Torfarbeiter bestimmt gewesen war, aber auch von Wanderern benutzt werden konnte und dessen Strohlager bei schönem Wetter oft überfüllt war. Daneben stand, ebenfalls von Christian Ernst errichtet, aber durch einen Wall gegen Stürme geschützt, ein kleines Haus für die gräfliche Familie, in dem vornehme Gäste aufgenommen werden durften. Hier übernachteten die prominenten Brockenbesucher aus Weimar und Clausthal. Gewiß bestiegen sie am Abend noch den in einer halben Stunde zu erreichenden Brockengipfel, um den Sonnenuntergang zu erleben. Sie versäumten auch nicht, sich in das Brockenstammbuch einzutragen, wo zu lesen ist:

21. September 1783

J. W. v. Goethe, F. v. Stein, v. Trebra, zum dritten Male hier

Goethe hat offenbar frühere Eintragungen nicht beachtet, denn sonst wäre ihm, wie F. Dennert meint, aufgefallen, daß am 23. Mai 1755 Johann Nicolaus Göthe aus Berka in Thüringen den höchsten Berg des Harzes bestiegen hatte; beider gemeinsamer Ahnherr war Hans Göthe, Berka.

Am 22. September gelangten die Brockenreisenden auf dem damals besten Wege, dem heute so genannten Glashüttenweg, nach Schierke. Dabei hatte Goethe die Gelegenheit, die Kapellenklippe, die Schlungsklippe, den

---

42 Laub, Brockenwanderung Goethes und Trebras 1783, S. 53.

Ahrensklint und die Feuersteinklippen zu sehen.

Schierke, in einer von Granitfelsen und urigen Wäldern geprägten Landschaft dem Brocken am nächsten von allen Siedlungen gelegen, war damals noch schwer zugänglich, obwohl hier bereits im 16. Jahrhundert bergmännische Anlagen und ein Sägewerk entstanden waren.

Nur drei Kilometer südöstlich von Schierke liegt Elend. Der Weg dorthin führt durch das schaurig-schöne, von der Kalten Bode durchflossene Elendstal mit den Schnarcherklippen. Die Gegend muß einen tiefen Eindruck auf Goethe gemacht haben. Der Wechselgesang Fausts, Mephistos und des Irrlichts im Faust I (Walpurgisszene) schildert dieses Gebiet unverkennbar.

Aber nicht nur der Dichter, sondern auch der Geologe Goethe, der wie die Ilmenauer Bergleute im Granit die ,,Mutter des Erzes'' sah und die Entstehung dieses Gesteins während der Harzreise zu erforschen trachtete, fand hier die beste Gelegenheit dazu.

Elend, ein kleines Harzdorf, in dem es schon im ausgehenden Mittelalter eine Hütte gab, liegt wie Schierke umgeben von ,,Blockmeeren'', wie sich auch eines auf dem Brockengipfel befindet; man versteht darunter größere Flächen mit mehr oder weniger dicht lagernden Granitblöcken.

Goethe und seine Begleiter mußten, ,,wenn sie über Schierke zurückgehen wollten, den Umweg über Elend nehmen, denn von Schierke aus gab es damals nicht wie heute den geraden Weg zum Dreieckigen Pfahl (einst einem Dreiländereck), an dem oberen Bodelauf aufwärts. Vielmehr führte ein unmittelbarer Weg, eine alte Straße, von Elend dorthin. Dieser Straßenzug ist noch heute vorhanden, wenn auch kaum begangen und bekannt.Er zieht von Elend den Barenberg hinauf, von hier aus haben die Wanderer (besser: die Reiter) gewiß einen Abstecher nach den nahen Schnarchern (Schnarcherklippen) gemacht, dann zu den Scherstorklippen und weiter auf dem Sattel zwischen dem Wurmberge und dem großen und kleinen Winterberge hindurch, schließlich am Hange des Wurmbergmassivs und am Rande des Roten Bruches mit seinen Quellen der Warmen Bode auf den Dreieckigen Pfahl zu. Von hier aus ging es dann wie heute ein Stück den alten Kaiserweg entlang bis zum ,Oderbrückhaus' ''[43], dem heutigen Oderbrück, und weiter bis zum Oderteich, zu Goethes Zeit eine bedeu-

---

43 F. Dennert, Neues zu Goethes Harzreisen, S. 6. – Laub nimmt an, daß die Reiter von den Scherstorklippen auf den Ulmer Weg gelangten (Brockenwanderung Goethes und Trebras 1783, S. 55).

tende Sehenswürdigkeit. Diese wohl erste größere Talsperre Deutschlands war 1714 bis 1721 von Harzer Bergleuten gebaut worden und lieferte (bis 1910) die Aufschlagwasser für den Andreasberger Berg- und Hüttenbetrieb; sie wurden durch den Rehberger Graben dorthin geleitet. An ihm entlang führt einer der schönsten Harzer Wanderwege, auf dem die Touristen St. Andreasberg erreichten, wo sie im Rathaus übernachteten.

Mit einem ungefähr einstündigen Ritt endete am nächsten Tage Goethes zweite Brockenreise in Zellerfeld bei von Trebras.

Zum Höhepunkt dieser geologischen und mineralogischen Exkursion, bei der Goethe Gesteinsproben in großer Zahl sammelte, wurde an der Rehberger Klippe eine gemeinsame Entdeckung der Freunde. Was sie dort ausfindig machten, war für Goethe ,,ein Erlebnis, das für seine Anschauungen über die Entstehung des Granits ausschlaggebend werden sollte[44]''. Trebra hat dreißig Jahre später ausführlich über die Brockenreise, insbesondere über die Auffindung eines Kontaktminerals von Granit und schwarzem, jaspisartigem Tongestein erzählt, und zwar in seinem Buch *Lebensverhältnisse mit Ober-Berghauptmann von Trebra* (1813)[45]:

,,Er (Goethe) hatte in seinen Erzählungen von gemachten Gebirgsreisen mit vorkommen laßen: ,Daß er mitten im Winter, um die Weynachtsfeyertage, bey großem Schnee und heftiger Kälte den Harz bereiset und namentlich den Brocken bestiegen habe'. Das mußte mir wohl sehr verdächtig vorkommen, denn ich war auch zu den Weynachtsfeyertagen, Schluß 1771 und Anfang 1772, ein paar Wochen aufn Harze gewesen, wo ziemlicher Schnee lag, es heftig kalt war und wo ich bey einer Reise von Clausthal nach Andreasberg auf dem Bruchberge fast im Schnee hatte sitzen bleiben müßen. Und was war der Bruchberg gegen den Brocken! auf dem im Winter niemand haußt; wo tiefe Thäler mit Schnee ausgefüllt sind, welche man von Felsen und auf Felsen, durch den nachgebenden Schnee, zur Ewigkeit hinabstürzen kann. Wer möchte auch zu solcher kalter Winterbrockenreise den Führer machen? und ohne Führer? welcher gesunde Fremde möchte da wohl entschloßen genug seyn, solch eisiges Wagniß zu beginnen! –

Unerwartet führte mich bald hernach, im Jahre 1779, eine Fügung unerwarteter Umstände zu Diensten auf immer an den Harz, und ich bestieg

44 Sanders, Am Altar der Schöpfung, S. 63.
45 Veröffentlicht im Goethe-Jahrbuch, IX. Bd., Frankfurt/M. 1888.

den Brocken im Sommer, sah dabey noch lebendiger ein, wie mißlich, wenn nicht gerade unbedingt unmöglich im tiefen Schnee und großer Kälte eine Reise auf diesen höchsten Gipfel der Berge in Niedersachsen seyn müßte. Mein Glaube an die wirkliche Wahrheit solcher in einer lustigen Gesellschaft beschriebenen Winterreise aufn Brocken, wo so manches Volksmährchen einheimisch ist, kam sehr in die Klemme. Und doch *mußte* sie wahr, unläugbar wahr seyn. – So ging es mit meiner Überzeugung davon zu. Im Jahre 1783, nun ich schon am Harze und mit dem Harze ziemlich bekannt worden war, besuchte mich im Septbr. der waghalsige Erzähler, und natürlich mußte ich ihn selbst nach den Brocken führen, der nun gewissermaaßen unter meinen Dienstsprengel mit gehörte. Von Zellerfeld aus, wo ich wohnte, nach nächsten Wege, und damit ich durch eine noch nicht durchreißte Gruppe der Harz-Gebirgsköpfe zum höchsten unter ihnen steigen konnte, ging ich diesmal auf das sogenannte *Communion Torfhaus* zu, an der Hauptstraße von Nordhaußen nach Braunschweig gelegen. Das Forst- und zugleich Wirtshaus allhier bewohnte der gehende Förster Degen, mir schon aus mehrern gehaltenen Forstämtern als eifrigster Diener, allemal auf haltbarer Wahrheit stehend, in ziemlich platten Ernst und durch muntre Laune mir bekannt. Vor seinem kleinen Hause, bey heitern Wetter ietzt im Freyen, richteten wir unser mitgebrachtes Mittagsmahl vor. Er war sehr geschäftig bey so seltnen Besuche, als ihm seyn vice Berghauptmann war, mit Anstand Tische und Stühle für seine hohen Gäste herbey zu schaffen. Sein Augenmerk nur immer auf mich gerichtet, damit er mit seinen Anordnungen meine Wünsche treffen möge, fielen nur spät erst seine Augen auf den mich begleitenden Fremden.
Ihn erblickend, sah er ihm erst noch forschender ins Gesicht, sprach dann: Nun! da kommen Sie dann doch noch einmal in einer beßern Jahrszeit, den Brocken zu besuchen. Ja! sie würden dorten, als sie mitten im Winter von mir begehrten, daß ich sie auf den Brocken führen sollte, mich mit allen ihren guten Worten – er gab ihm einen Louisd'or – doch gewiß nicht beredet haben, ihr Führer zu seyn, wenn nicht eben durch den gar starken Frost eine harte Rinde über den tiefen Schnee gezogen gewesen wäre, die uns tragen konnte. Aber noch nie hatte ein Fremder das von mir begehrt, auch würde ich mit keinem das Wagstück unternommen haben, wiewohl es diesmal gut ablief; und wir in guter Zeit von der Spitze des unbewohnten großen Brockens wieder hier waren, nachdem wir eine gar seltene heitere Aussicht in der Runde umher genoßen hatten. –

Indem ich so in noch angenehmer Jahreszeit die Harzgebirge nach dem Brocken hinauf und von ihm wieder herab durchstreifte, führte mich mein waghalsiger Freund noch zu einem Vergnügen, ebenfalls *einzig* in seiner Art, und was es auch wohl lange noch ihm, mir und andern Gebirgsforschern bleiben wird.

Wir gingen durch Schierke über Elend und Oderbrückhaus vom Brocken wieder zurück. Bereits im Jahre vorher, auch im Septbr., hatte ich schon die Reise über Oderbrückhaus, Braunlage und Elend nach Blankenburg gemacht und hatte auf dieser Reise, zwischen Oderbrückhaus und Braunlage, am Fuße der Achtermannshöhe ein Stück zusammen gewachsenen Granits mit dem schwarzen, jaspisartigen, wenig schiefrigen Gestein gefunden, worinne der Andreasberger Bergbau auf sehr silberreichen Gängen seit Jahrhunderten schon geführt wird. Wohl oft schon hatte ich auf meiner bergmännischen Laufbahn von dem Urgebirge Granit und *dem Aufsitzen* aller übrigen *auf ihm* sprechen hören; gelesen; im Zusammenstellen mit anderer Felsarten Mannichfaltigkeiten auch wohl geträumt, aber *gesehen* hatte ich noch nirgends etwas davon, so deutlich bezeichnend in der Farbe und auf einander zusammen gewachsen so fest, daß im Zerschlagen der Stücke der Sprung immer durch beyde Gesteinarten fort lief, nie da, wo sie zusammenliefen sich trennend von einander. Ich fand aber hier am Fuße der Achtermannshöhe nur Bruchstücke davon; nicht die Stelle im Berge, wo diese Felsen eingewurzelt stunden. Dies mußte unstreitig wohl auf dem Gipfel dieser Achtermannshoehe seyn, von wo die Bruchstücke herab gerollt waren. In spätern Jahren wurde dieses, sich wirklich so verhaltend, von Lasius entdeckt, der mir Zeichnung und Anzeige davon einlieferte. Nur jetzt konnte ich den Berg nicht besteigen, weil Dienstgeschäfte mich nicht dahin führten. Auch gegenwärtig an der Hand meines Freundes auf einer Wanderung durch die Harzgebirge war es nicht an der Zeit, jene hohe Gebirgskuppe zu ersteigen, und wenn mir auch jenes gefundene seltne Stück noch lebendig genug im Gedächtniß angeschrieben gestanden hätte. Aber unser romantischer Weg führte uns vom Oderteichdamme in einer mehr auf Dienstleistungen sich beziehenden Richtung auf den Rehbergersgraben herunter nach Andreasberg und so nah an der Rehbergerklippe vorbey. Diese hohe nahe am Graben, ganz senkrecht da stehende Felswand war mit einem großen Haufen herunter gestürzter Bruchstücke von Tisch und Stuhl und Ofen Größen verschanzt, von welchen sogleich viele zerschlagen wurden. Unter ihnen fanden sich mehrere von jenen

Doppelgesteinarten Granit mit aufgesetzten, eingewachsenen dunkelblau-
en, fast schwarzen sehr harten (jaspisartigen) Thongestein. Die können nirgends anders herkommen als von jener Klippe da vor uns. Dahin müßen
wir, antwortete mein Freund. Behutsam! vorsichtig! schrie ich ihn nach,
die Moosbedeckten schlüpfrigen Felsstücke liegen gefahrvoll durch einander, wir können die Beine dazwischen brechen. Nur fort! nur fort! antwortete er voran eilend, wir müßen noch zu großen Ehren kommen, ehe wir
die Hälse brechen! und wir kamen zusammen heran an den Fuß der Felswand, wo wir nun gar deutlich den Abschnitt des schwarzen Gesteins auf
den blaß fleischrothen Granit in gar langer Linie sich hinziehend erkennen
konnten. Aber unserer ziemlichen Größe ungeachtet, erreichen mit unsern
Händen konnten wir sie doch nicht. Wenn du dich fest hinstellen wolltest,
sagte mein Freund zu mir, so wolte ich jene in den Felsen eingewachsene
Strauchwurzel ergreifen, mich im Anhalten an sie hebend auf deine Schultern schwingen, und dann würde ich den so kenntlichen Abschnittsstrich
wenigstens mit der Hand erreichen können. So geschahs, und wir hatten
das selte Vergnügen, den merkwürdigen Abschnittsstrich von hier einge-
wurzelten Urgebirge rothen Granit und drauf stehenden, dunkel-, fast
schwarzblauen Thongesteins nahe zu sehen, sogar mit Händen zu
greifen..."
1812 schickte Trebra dem Freunde zur Erinnerung an die gemeinsame Entdeckung des ,,Übergangsgesteins" am Rehberger Graben – die Stelle
trägt jetzt den Namen ,,Goethe-Platz" – zwei große Tischplatten aus dem
dort aufgefundenen Material der Kontaktzone; die eine mit eingravierten
Worten des bei dem Abenteuer geführten Gesprächs war für Goethe selbst
bestimmt. Sie befindet sich heute in Goethes Gartenhaus an der Ilm, nachdem sie zunächst im Mineralienkabinett der Universität Jena aufbewahrt
worden war. Die andere Platte war Carl August zugedacht, er ließ sie aber
dem Direktor der Hof- und Naturalienkabinette in Wien, K. F. A. von
Schreibers, zukommen, den der Herzog persönlich kannte und mit dem
Goethe Briefe wechselte sowie Geschenke tauschte. Offenbar hat Schreibers die mineralogische Kostbarkeit nicht in eine der von ihm verwalteten
Sammlungen eingereiht, denn ihr Verbleib ist heute dem Naturhistori-
schen Museum in Wien unbekannt[46].

46 Das Naturwissenschaftliche Museum, Wien, schrieb mir am 7. 11. 1979 u. a.: ,,Unter-
   lagen über den Verbleib dieser Platte sind nicht vorhanden. Wir nehmen an, daß sie sich
   in Privatbesitz von von Schreibers befand."

An Charlotte schrieb Goethe am 24. September von Zellerfeld:
Unsere Brockenreise ist glücklich vollendet, ich habe in der Stille meine Augen nach der Gegend gewendet, wo Du wohnst und mich glücklich machst. Fritz war gar munter und brav. Er ritt auf einem kleinen
Pferdchen so gerade hin, als wenn er ganz damit bekannt gewesen
wäre; er ist sehr glücklich und hat nur kleine Anfälle von Laune und
Unart.
Nun zieht mich mein Sehnen wieder zu Dir, Freitag gehe ich hier weg
auf Göttingen, wo ich Briefe von Dir hoffe und Dir auch schreibe.
Ich habe mich recht mit Steinen angefüttert, sie sollen mir, denke ich,
wie die Kiesel dem Auerhahn zur Verdauung meiner übrigen schweren Winterspeise helfen.
Und Dich, liebe Lotte, hoffe ich wohl zu finden. Wieviel habe ich Dir
zu erzählen, und wie gerne will ich ausführlich sein. Du wirst wieder
recht fühlen, daß ich nirgend nichts als bei Dir zu suchen habe. Lebe
wohl! Mein Tag geht herum mit vielem Sehen, und ich kann Dir in
keiner Fassung schreiben, mein Herz hängt an Dir. Lebe tausendmal
wohl.
Zwei Tage später reiste Goethe mit Fritz von Stein nach Göttingen ab. Von
dort kehrten beide über Kassel und Eisenach nach Weimar zurück, wo sie
wahrscheinlich am 6. Oktober eintrafen.
Alles in allem verlief diese zweite Harzreise mit ihren mannigfachen Unter-
nehmungen und vielseitigen Anregungen zu Goethes voller Zufriedenheit.
Das gewagte Spiel mit der Liebe der Branconi in Langenstein, die Ausflüge
von dort in das Bodetal mit seiner Urnatur, das gesellige Treiben beim Für-
stenbesuch in Halberstadt, die geologischen Exkursionen und Fachgesprä-
che mit von Trebra in Zellerfeld und Umgebung, die mehrtägige Brockenwanderung mit der Entdeckung des Kontaktgesteins am Rehberg, die Gegenwart Fritz von Steins, der ihn enger noch als Briefe mit Charlotte verband – all das gefiel ihm auf das beste. An die geliebte Frau schrieb er
dann auch aus Göttingen am 28. September:
Diese Reise tut mir sehr wohl, sie war eben zur rechten Zeit einge-
schlagen.
Auf das gemeinsame Forschen mit Trebra bezieht sich wohl der folgende
Satz aus einem Brief vom 14. November 1783 an Knebel:
Meine Passion zur Mineralogie hat mich zu schönsten Entdeckungen
auf meiner letzten Reise geführt.

IV

Die dritte Harzreise

1784

Goethes Leben und Wirken zwischen der zweiten und dritten Harzreise

Goethes dritte Harzreise vom 7. oder 8. August bis zum 16. September 1784 verband wie die zweite dienstliche Verpflichtungen mit geologischen und mineralogischen Studien sowie Besichtigungen von Anlagen des Bergbau- und Hüttenwesens.

Im Sommer 1784 steigerte Carl August von Sachsen-Weimar-Eisenach seine politischen Aktivitäten mit dem Ziel, die Gründung eines Fürstenbundes voranzutreiben[1]. Kaiser Joseph II. erwies sich immer mehr als ein unruhiger, gar zu reformfreudiger Geist, der ein vom Hause Habsburg zentralistisch regiertes Deutsches Reich anstrebte. Immer dringender wurde der längst geplante Zusammenschluß der kleineren deutschen Länder, der nicht ohne Zustimmung Preußens zu verwirklichen war. Da von Friedrich dem Großen keine Unterstützung zu erwarten war – ihm galten preußische Interessen mehr als die des Reiches –, erhoffte Carl August Schützenhilfe von seinem Schwager, dem Prinzen Friedrich Wilhelm von Preußen und designierten Nachfolger des alten Königs. Im Zuge solcher Bemühungen hielt der Weimarer Herzog eine Reise nach Braunschweig für nützlich. Dorthin bestanden enge verwandtschaftliche Beziehungen zum Weimarer wie auch zum Berliner Fürstenhaus. Die Mutter des Herzogs von Braunschweig, Philippine Charlotte, eine Schwester Friedrichs des Großen und Großmutter Carl Augusts, lebte am Hofe ihres Sohnes in der Stadt Heinrichs des Löwen.

Carl August forderte nachdrücklich Goethes Teilnahme an der politisch wichtigen Reise; obwohl dieser nur ungern der Anordnung seines Dienstherrn folgte, verstand er es wieder einmal vorzüglich, sich das Unternehmen ,,angenehm und auf alle Weise nützlich zu machen'', indem er vor und nach der diplomatischen Mission mit dem größten Vergnügen den Harz bereiste und schließlich befriedigt nach Weimar zurückkehrte. Anders der Herzog: Er gewann zwar die persönliche Sympathie Carl Wilhelm Ferdinands, fand aber vorerst noch keine Zustimmung zu seinen Fürstenbund-Plänen; der Braunschweiger hielt sie, ,,wie sie formuliert wurden, für chimärisch (ungeheuerlich) und unausführbar''[2]. Also ein Mißerfolg! Erst Hardenberg sollte es bald darauf gelingen, den Welfen

---

1 Vergl. S. 62.
2 Rosendahl, Geschichte Niedersachsens, S. 547.

umzustimmen.

Doch wir haben hier einiges vorweggenommen! Blicken wir nun wieder zurück auf den Zeitraum von gut zehn Monaten, der zwischen dem Ende der zweiten und dem Beginn der dritten Harzreise liegt! Womit beschäftigte sich Goethe damals? Wie beurteilte er seine Lebensverhältnisse? Was versprach er sich von einer neuerlichen Harzreise?

Seine politische Tätigkeit als vertrauter Berater des gerade jetzt in Staatsgeschäften überaus rührigen Herzogs bewältigte der im 35. Lebensjahr stehende weimarische Geheimrat vorwiegend aus Pflichtgefühl und wohl kaum noch aus Neigung; das Hofleben ödete ihn an – die Briefe aus Braunschweig zeigen es.

Anders war es im dienstlichen Bereich Ilmenau. Dort hatten der junge Fürst und sein Minister 1776 ein kühnes Projekt entworfen; dessen Ausführung, die Wiedereröffnung des Bergwerks, war mit der Zeit eine Prestigefrage geworden. Was von den beiden ohne rechten Ernst in Angriff genommen worden war, führten Goethe und seine Mitarbeiter in den folgenden Jahren mit zunehmendem Eifer tatkräftig fort. Am 24. Februar 1784, nach fast acht Jahren, war es endlich so weit, daß der Neue Johannisschacht eröffnet werden konnte. Die Hoffnung auf eine gedeihliche Entwicklung des Unternehmens mag Goethe als den verantwortlichen Minister bewogen haben, jede Gelegenheit zu nutzen, sich über andere Montanbetriebe zu informieren. Das sollte nun erneut im Harz geschehen, und sogar der Herzog konnte dazu gewonnen werden.

Nur wenige Tage nach der festlichen Einweihung des Ilmenauer Schachtes bewährte sich Goethe – und das sei hier nur als weiteres Beispiel für die Vielfalt seiner Aufgaben im Staatsdienst erwähnt – im Katastrophenschutz bei einem Hochwasser der Saale.

Zeitraubend war Goethes Tätigkeit in dem hier zu behandelnden Zeitabschnitt in der Finanzverwaltung des Herzogtums, die er reformiert hatte. Nun galt es, während der für Juni 1784 angesetzten Ausschußtagung der Landstände in Eisenach über die in zwei Jahren geleistete Arbeit Rechenschaft abzulegen.

Daß sich der Dichter den mannigfachen gesellschaftlichen Verpflichtungen des Weimarer Hoflebens mehr und mehr entzog, war schon vor der zweiten Harzreise deutlich geworden. Eine wesentliche Entlastung brachte ihm hier die Auflösung des fürstlichen Liebhabertheaters, das weitgehend von Goethes Mitarbeit abhängig gewesen war. Nun wurde zum 1. Januar 1784 die

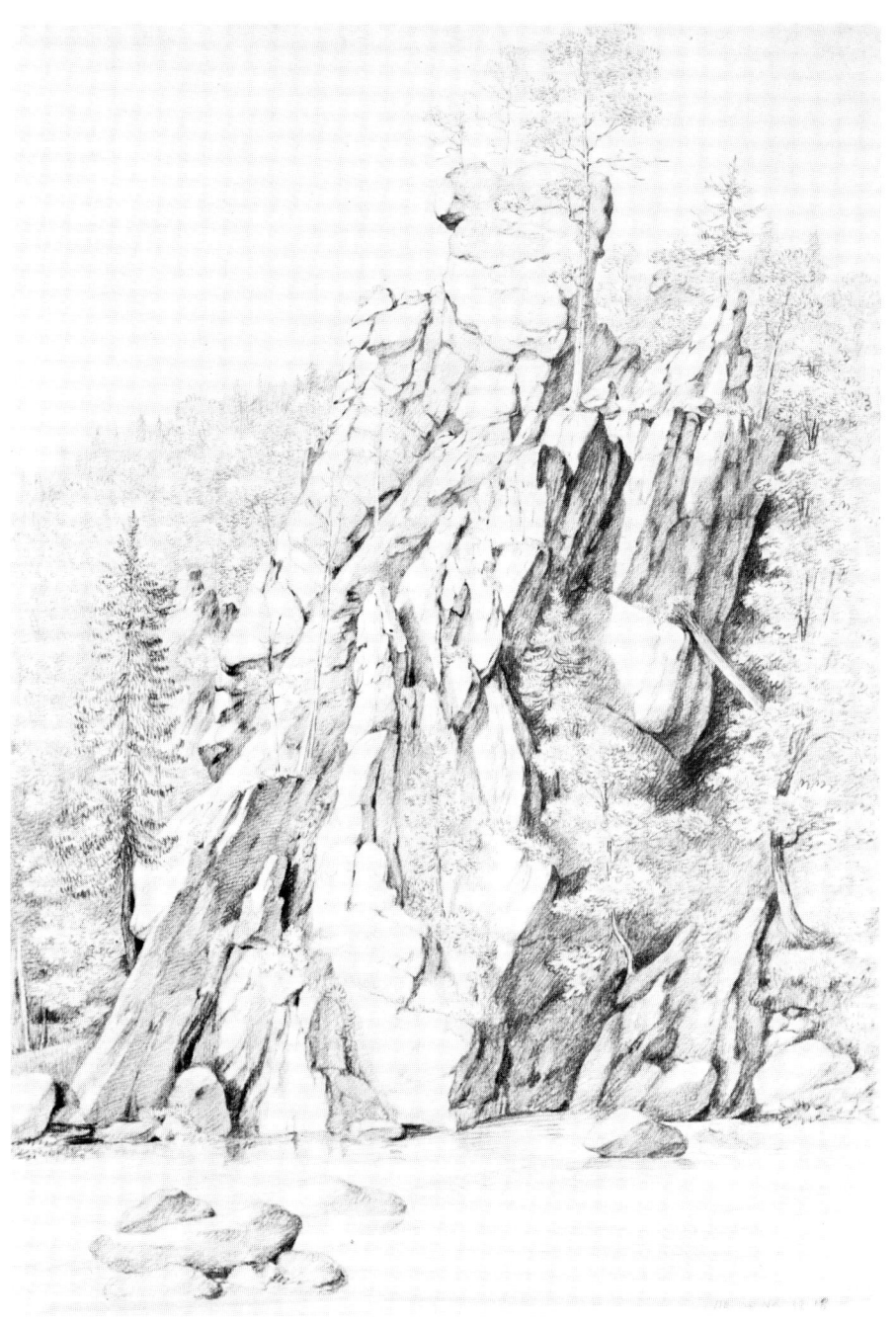

Georg Melchior Kraus · Mittlere Karbergsklippen (Okertal)

Johann Wolfgang Goethe · Granitklippen im Brockengebiet

,,Deutsche Schauspielgesellschaft'' von Giuseppe Bellomo engagiert. Dadurch blieb Goethe auf diesem Gebiet zeitraubende Alltagsarbeit erspart. Leichter als in früheren Jahren war er jetzt abkömmlich, unbeschwerter konnte er auf Reisen gehen.

Ein günstiger Einfluß der vermehrten Freizeit auf die Arbeit des Dichters ist allerdings kaum zu spüren. Gewiß, es entstanden Gedichte, am bekanntesten *Das Göttliche*, außerdem Verse zu besonderen Gelegenheiten. Mit den großen dramatischen Entwürfen ging es noch immer nicht voran. Nur den Roman *Wilhelm Meister* führte der Dichter weiter; im November 1783 schloß er das vierte Buch ab, er hatte ungefähr ein Jahr dazu gebraucht.

Goethes wache Aufmerksamkeit, seine zielstrebige außerdienstliche Arbeit galten weiterhin mannigfachen Bereichen der Natur, die er jetzt als ,,unfühlend''[3] bezeichnet, und er entfaltete nun als Beobachter und Forscher die gleiche Vielseitigkeit wie als herzoglicher Beamter.

So nahm er lebhaften Anteil an Ballonflügen. Bereits im Oktober 1783, einen Monat, bevor in Paris der erste Flug einer Montgolfiere mit zwei Passagieren weltweites Aufsehen erregte, hatte Goethe einem allerdings mißglückten Ballonversuch des Naturforschers Samuel Thomas von Sömmering beigewohnt; und als im nächsten Sommer in Weimar ein Ballon aufstieg, registrierte Goethe die technischen Daten und die erzielte Flugleistung.

Neben der Beschäftigung mit den ersten spektakulären Ergebnissen der Aeronautik fand der Dichter Zeit für seine geologischen Arbeiten. Im Januar 1784 diktierte er, wie er Charlotte mitteilte, seine Abhandlung *Über den Granit*, die wahrscheinlich Bestandteil des in der Schweiz geplanten, aber nicht ausgeführten Romans über das Weltall werden sollte.

Während der Tagung der Landstände in Eisenach unternahm er eine mineralogische Exkursion, die J. C. W. Voigt vorbereitet hatte. In seinem Brief an Charlotte vom 12. Juni heißt es:

> Heute haben wir eine mineralogische Spazierfahrt gemacht und uns auf gut bergmännisch wacker erlustigt. Der einfache Faden, den ich mir gesponnen habe, führt mich durch alle diese unterirdischen Labyrinthe gar schön durch und gibt mir Übersicht selbst in der Verwirrung.

Fünf Tage später berichtete Goethe derselben Adressatin über ,,Felsen-Spekulationen'' und die Entdeckung einiger ,,Grundgesetze der Bildung'',

---

3 In dem Gedicht *Das Göttliche*, Vers 13 (1783).

die sich wahrscheinlich auf die Entstehung des Granits beziehen.
Drei Tage danach schrieb er dem Ehepaar Herder aus Eisenach vom fleißigen Herumsteigen in den Felsen und in Verbindung damit erneut von der richtigen Anwendung eines einfachen Prinzips zur Erklärung der Bildung größerer Steinmassen. Offenbar ließ ihn das Problem der Entstehung des Granits, das er mit von Trebra während der zweiten Harzreise theoretisch erörtert und durch Beobachtung in der Natur der Lösung näher gebracht zu haben meinte, nicht mehr los. So wird auch von hier aus verständlich, daß er, als sechs Wochen später von einer Dienstreise nach Braunschweig die Rede war, ähnlich wie 1777 und 1783 sogleich daran dachte, damit einen Besuch des Harzes zu verbinden, nun, um seine geologischen und mineralogischen Forschungen dort fortzusetzen. Wie sehr sie ihm damals am Herzen lagen, wird auch daraus ersichtlich, daß er nun mit dem ein Jahr älteren Johann Georg Lenz, dem späteren Professor der Mineralogie in Jena und Direktor der dortigen Mineralogischen Sammlung, eine Verbindung aufnahm, die bis zu beider gemeinsamem Todesjahr 1832 erhalten bleiben sollte.
Nicht minder eifrig als die Mineralogie betrieb Goethe zu dieser Zeit die Osteologie. Seine Beobachtungen und Untersuchungen auf diesem Gebiet führten am 27. März 1884 zur Entdeckung des Zwischenkieferknochens am menschlichen Schädel. Beglückt schrieb er sogleich – in der Nacht – an die Freundin:

> Es ist mir ein köstliches Vergnügen geworden, ich habe eine anatomische Entdeckung gemacht, die wichtig und schön ist... Ich habe eine solche Freude, daß sich mir alle Eingeweide bewegen.

Gleichzeitig ging ein ähnlicher Brief an Herder ab[4]. Goethe setzte seine

---

4 Nun führt freilich Emil Staiger aus, daß der Zwischenkieferknochen beim Menschen längst bekannt gewesen und Goethe nur wieder ohne Kenntnis der Fachliteratur an die Arbeit gegangen sei (was er in einem Brief an v. Knebel v. 17. 11. 1784 auch zugibt); ferner, daß Goethe auch an der Priorität seiner Entdeckung nichts gelegen habe, wohl aber daran, die von der zeitgenössischen ,,Theologie betonte osteologische Unterscheidung des Menschen vom Tier'', die seiner Auffassung nicht entsprach, naturwissenschaftlich zu widerlegen (Staiger, Goethe, Bd. I, S. 515 ff.). Gegen diese Darstellung spricht der ganz spontane, ,,alle Eingeweide'' bewegende Ausbruch der Freude, der sich in den unmittelbar nach der Entdeckung, noch nachts, an Herder und Charlotte geschriebenen Briefen spiegelt. Das ,,köstliche Vergnügen'' bezieht sich m. E. auf seine Entdeckung, von deren Priorität er in jener Nacht überzeugt war. Die Genugtuung über ihre Bedeutung für das Gesamtkonzept seiner damals von den Naturwissenschaften geprägten Weltschau, auf die Staiger hinweist, dürfte sich erst später eingestellt haben.

Knochenforschungen mit größtem Eifer fort. Ende April schrieb er an Merck, er solle ihm keine Edelsteine kaufen, wohl aber würden ihn interessante, nicht gar zu teure Schädel von Löwen, Tigern oder dergleichen ,,sehr angenehm sein". Auch traf er sich erneut mit dem Jenenser Anatomie-Professor J. Chr. Loder, um mit ihm ,,Anatomica zur Erholung und Ergötzung der Seele"[5] vorzunehmen. In Eisenach erhielt er von Professor Sömmering tatsächlich einen Elefantenschädel zugeschickt, den er ,,studierte", sobald ihm die Landstände Zeit ließen. In einem Brief an Charlotte vom 7. Juni schrieb er unter anderem:

> Zu meiner großen Freude ist der Elefantenschädel von Kassel hier angekommen, und was ich suche, ist über meine Erwartung daran sichtbar. Ich halte ihn im innersten Zimmer versteckt, damit man mich nicht für toll halte. Meine Hauswirtin glaubt, es sei Porzellan in der ungeheuren Kiste.

Kein Wunder, daß Goethe während seiner Harzreise zwei Monate später in Scharzfeld Station machte. Dort hatte man schon im Mittelalter nach Knochenresten des sagenumwobenen Einhorns gegraben; eine Abbildung von dessen ,,Rekonstruktion" nach Knochenfunden bei Quedlinburg und eine Abhandlung über die Einhornhöhle hatten in Leibnizens *Protogaea* Aufsehen erregt. Goethe hoffte wohl, in der Höhle vorgeschichtliche Knochenfunde zu sehen, ein Wunsch, der gewiß schon in ihm wach geworden war, als er den Verlauf der dritten Harzreise plante.

Wie empfand der Dichter seine Lebensverhältnisse? Mit der Darstellung seiner ganz verschiedenartigen beruflichen und privaten Tätigkeiten ist darüber schon mancherlei ausgesagt. Einige Selbstzeugnisse über sein allgemeines Befinden mögen noch deutlicher machen, wie er seine Situation in Weimar sah. An Jacobi schrieb er Mitte November 1783:

> Ich stecke mitten unter meinen Geschäften noch immer so voll Leidenschaften, Liebhabereien, Erfindungen, Einfällen, Grillen und Plänen, daß mir wirklich manchmal das Leben sauer wird. Indessen nimmt unsere Konstitution eine bessere Konsistenz, und ich habe immer noch mein altes Wesen, das mich durch alles durchbringt.

Ähnlich klingt es in einem Brief an die Mutter einige Wochen später:

> Ich bin nach meiner Konstitution wohl, kann meinen Sachen vorstehen, den Umgang guter Freunde genießen und behalte noch Zeit und

---

5 Aus einem Brief an Charlotte v. Stein v. 7. 5. 1784.

Kräfte für (die) eine und andere Lieblingsbeschäftigung.

Ganz offensichtlich hatte sich Goethes Persönlichkeit gefestigt, er war – alles in allem – beständiger geworden. „Klüglich verschanzt" im kleinen Kreise mit ein paar Freunden, bekennt er in einem Brief an Knebel, daß er persönlich glücklich sei.

Ganz uneingeschränkt ist er es doch nicht. Die Sehnsucht nach einem harmonischen Familienleben mit Frau und Kindern klingt in einem Brief an, den er in Eisenach an Kestner, Lottes Mann, schrieb; und im Ton früherer Weimarer Jahre endet ein Schreiben an Jacobi vom 3. März 1784:

> Ich bin ein armer Sklave der Pflicht, mit welcher mich das Schicksal vermählt hat; drum verzeihe, wenn ich trocken und träge scheine.

Der so Gestimmte mußte eine Reise in den Harz als willkommene Gelegenheit, der „Forderung des Tages" für ein paar Wochen zu entrinnen, dankbar begrüßen.

Auch die Beziehungen zu Charlotte von Stein verliefen in ruhigeren Bahnen. In einem Brief vom 14. Juni spricht Goethe selbst von seiner „monotonen Leidenschaft". Zu tieferen Verstimmungen dürfte es zwischen den letzten beiden Harzreisen nicht gekommen sein. Der Dichter sah in seiner Liebe zu Frau von Stein, die sie erwiderte, den ruhenden Pol seines mannigfach bewegten Lebens. Das geht aus dem Grundton der Briefe jener Zeit hervor, insbesondere aus einem der letzten vor der dritten Harzreise, der so schließt:

> Werde nie müde, mir zu sagen, daß Du mich liebst, werde nicht müde, es von mir zu hören, daß Du der Grund meines ganzen Daseins geworden bist.

Zum Kreis der engsten Freunde Goethes zählten seit Ende 1783 Johann Gottfried und Caroline Herder. Auf Goethes Empfehlung war der Gefährte der Straßburger Jahre schon 1776 als Generalsuperintendent nach Weimar berufen worden, aber der leicht reizbare und oft launische Theologe und seine Frau – er hatte sie im Kreis um Merck in Darmstadt kennengelernt und geheiratet – konnten sich in der Residenz an der Ilm nicht recht einleben. Erst jetzt, sieben Jahre später, kam es zu einer neuerlichen Annäherung zwischen dem Ehepaar Herder und Goethe, die schnell zu einer innigen Freundschaft und zu einem regen Gedankenaustausch zwischen den dreien führte. Goethe las aus dem *Wilhelm Meister* vor, Herder aus seinen *Ideen zur Philosophie der Geschichte der Menschheit*; jener war begeistert:

> Eine der vorzüglichsten Glückseligkeiten meines Lebens ist, daß ich

und Herder nichts mehr zwischen uns haben, das uns trennte, schrieb er an Lavater, und in einem Brief aus Eisenach vom 20. Juni 1784 bat er Herders:

Erhaltet mir Eure Liebe, denn ich bedarf ihrer. Ich liebe Euch herzlich und freue mich aufs Wiedersehen.

Die beiden sollten denn auch den ersten, während der Anreise in den Harz geschriebenen Brief erhalten. Die erste Nachricht an Charlotte folgte unmittelbar danach.

Im westlichen Harz

Ob die dritte Harzreise am 7. oder 8. August in Weimar begann, ist ungewiß; in der Literatur finden sich beide Daten. Goethe reiste zum Staatsbesuch nach Braunschweig im Gefolge des Herzogs, zu dem auch der Oberstallmeister von Stein, Charlottes Mann, zählte, und ließ sich seinerseits von dem Zeichner, Maler und Kupferstecher Georg Melchior Kraus begleiten, der im Harz Besonderheiten der Gesteinsbildung, wie sie in Felsen, Steinbrüchen und an anderen Orten hervortreten, in Kreidezeichnungen festhalten sollte. Goethe versprach sich davon und von den Gesteinsproben, die er wieder zu sammeln gedachte, Anschauungsmaterial für seine geologischen und mineralogischen Forschungen in Weimar und Jena. Kraus, der 1784 einundfünfzig Jahre alt war, stammte aus Frankfurt. Goethe hatte ihn schon 1768 kennengelernt. Beide waren im selben Jahr nach Weimar gekommen, wo der Künstler sogleich ein Bildnis des Dichters schuf. 1780 wurde Kraus Direktor der Zeichenschule, an der auch Goethe unterrichtete[6].

Zwischen Mühlhausen und Dingelstädt, im südlichen Eichsfeld gelegen, brach am 8. August die Achse eines Reisewagens, der vermutlich mit Gepäck überladen war.

Es ergab sich nun eine merkwürdige Parallele zur ersten Harzreise: Goethe beschäftigte sich auch bei der dritten des öfteren, so nach dem Verkehrsunfall und bei schlechtem Wetter im Harz, aber auch gelegentlich in Braunschweig, mit der Niederschrift eines großen Gedichtes, das ähnlich wie die *Harzreise im Winter* zu den bekanntesten und meistinterpretierten gehört, mit der *Zueignung* nämlich, die erstmals 1787 bis 1806 Goethes

6 Vergl. S. 63.

Schriften einleitete und seit 1815 bis heute wieder an der Spitze seiner *Werke* steht, obwohl jene vielgedeuteten Stanzen nicht als programmatisch für das Schaffen des Dichters angesehen werden können.

Die *Zueignung* war als feierliche Einleitung zu dem religiösen Epos *Die Geheimnisse* gedacht, ,,die am meisten esoterische Dichtung, die Goethe geschrieben hat"[7]. Vielleicht wird hier der Einfluß von Geheimgesellschaften wie der Loge Amalia und dem Illuminatenorden spürbar, denen sich der Dichter Anfang der achtziger Jahre angeschlossen hatte, ohne freilich mehr als unbedingt notwendig am gesellschaftlichen Leben dieser Vereinigungen teilzunehmen. Möglicherweise sind auch Gedanken aus Gesprächen mit Herder und aus dessen *Ideen zur Philosophie der Geschichte der Menschheit* in die *Geheimnisse* eingeflossen, da er die in Dingelstädt entstandenen Strophen sogleich Herder und seiner Frau schickte. Es wird in Briefen von der dritten Harzreise noch mehrfach vom Fortgang der Arbeit an der *Zueignung* die Rede sein, jedoch fehlen Einzelheiten. In das Gedicht sind nämlich, sieht man von dem überall so zu beobachtenden Durchbruch der aufgehenden Sonne bei Frühnebel ab, wohl kaum Eindrücke von der dritten Harzreise aufgenommen. Darin liegt der Unterschied zur *Harzreise im Winter*.

Doch wenden wir uns nun wieder dem Verlauf der dritten Harzreise zu! Den 8. August beschloß Goethe mit zwei Briefen. In beiden teilte er aus Dingelstädt mit, er habe mit der *Zueignung* begonnen, was nicht stimmt, denn bereits am 24. Juli hatte er Charlotte die ersten drei Strophen zugeschickt, nachdem er wohl am 18. Juli in Kochberg mit ihr darüber gesprochen hatte, wie er sich das Gedicht vorstellte.

Am 8. August, ,,abends halb 10'', schrieb Goethe an Herders:

> Zwischen Mühlhausen und hier brach uns heute die Achse des schwer bepackten Wagens; da wir hier liegenbleiben mußten, machte ich gleich einen Versuch, wie es mit jenem versprochenen Gedichte gehen möge. Was ich hier schicke, ist zum Eingang bestimmt, statt der hergebrachten Anrufung und was dazu gehört.
>
> Es ist noch nicht alles, wie es sein soll. Ich hatte kaum Zeit, die Verse abzuschreiben. Lebet wohl, gedenkt mein, wie ich Eurer gedenke, und schickt die Verse mit diesem Brief an Frau v. Stein aufs baldigste. Lebet wohl! Um 1 Uhr gehts weiter nach Duderstadt.

---

7 Staiger, Goethe, Bd. I, S. 476.

Eine halbe Stunde später folgte der nächste Brief, und zwar an Charlotte –
Goethe befürchtete wohl, daß Herders ihren Brief nicht, wie er gewünscht
hatte, ,,aufs baldigste'' Charlotte zustellen würden:

Anstatt Dir so oft zu wiederholen, daß ich Dich liebe, schicke ich Dir
durch Herders etwas, das ich heute für Euch gearbeitet habe. Zwischen
Mühlhausen und hier ist uns eine Achse gebrochen, und wir haben
müssen liegenbleiben. Um mich zu beschäftigen und meine unruhi-
gen Gedanken von Dir abzuwenden, habe ich den Anfang des ver-
sprochenen Gedichtes gemacht. Ich schicke es an Herders; von denen
erhältst Du es. Lebe wohl! Ich werde nur einige Stunden schlafen können. Alles schläft schon um mich. Adieu.

Bereits um 1 Uhr in der Nacht brach die Reisegesellschaft also auf. Sie gelangte über Leinefelde nach Duderstadt, wo Goethe schon 1777 auf der
Rückreise nach Weimar übernachtet hatte[8], und benutzte wahrscheinlich
eine Straße, ,,die über Fuhrbach, Brochthausen und Bockelnhagen nach Lauterberg führte''[9]. Im *Geognostischen Tagebuch der Harzreise*, das Goethe unterwegs führte und 36 Jahre später überarbeitete, heißt es:

Kurz vor Lauterberg. . .erscheinen zuerst bloßstehende Felsen von einem rauhen, porösen, ein sandiges Ansehen habenden Kalkstein.

Dabei kann es sich ,,nur um die Westersteine bei Bartolfelde und die Klippen am Kiebitzfang gehandelt haben, die er (Goethe) während der Vorbei-
fahrt in Augenschein nahm''[10]. Auch Lauterberg und die Königshütte waren Goethe von der ersten Harzreise her bekannt. Daß er und seine Begleiter vom 9. zum 10. August im Lauterberger Rathaus, dem heutigen Hotel
Ratskeller, übernachteten, ist so gut wie sicher, da keine andere Gaststätte
Logiergäste aufnehmen durfte. Das Rathaus gehörte wie überall der Gemeinde und war, als die Weimarer Reisenden hier einkehrten, ,,an Christian Binnewies mitsamt der Posthalterei, Braugerechtsame und Wirtschaft
für 42 Reichstaler Jahreszins verpachtet'' und Standespersonen ,,sowie
den ,Herren Beambten' und anderen ,conditionirten passagiers'
vorbehalten''[11]. Als der Herzog, Goethe, von Stein und Kraus einzogen,
wird auch das aus Kutschern, Dienern und sonstigem Personal bestehende
ansehnliche Gefolge, das man schon wegen des geplanten Staatsbesuchs in

8 Vergl. S. 55.
9—11 Streitparth, Goethe und Lauterberg, S. 110.

Braunschweig mitnehmen mußte, im Rathaus untergekommen sein.
Am 10. August besichtigte man die Königshütte. Im *Geognostischen Tagebuch* heißt es:

Auf der Königshütte schmelzen sie Eisenstein von Elbingerode, Lerbach und Andreasberg.

Weiter ging es zur ungefähr fünf Kilometer westlich davon in der Nähe des Dorfes Scharzfeld gelegenen Einhornhöhle. Sie führte ursprünglich den Namen Scharzfelder oder – nach dem nahegelegenen, im Siebenjährigen Krieg von den Franzosen zerstörten Schloß Scharzfels – Scharzfelser Höhle, auch Zwergenlöcher und Einhorn-Loch. Goethe erwähnte die vor und nach ihm von berühmten Leuten besuchte Höhle im *Geognostischen Tagebuch* nur mit einem Satz. Als Osteologen hat sie ihm nichts geboten, denn die noch vorhandenen spärlichen Knochenreste des vermeintlichen Einhorns [12], die er wohl zu sehen gehofft hatte, lagen in den Lehmen der Höhlensohle.

Sehr beeindruckt war Goethe dagegen von der Zechsteinformation am Wege von Herzberg – er erwähnt weder das für die Geschichte der Welfen bedeutsame Schloß noch den Ort selbst – nach Osterode. ,,Von großer landschaftlicher Schönheit ist es besonders in der Gegend von Osterode und Herzberg, wo die schneeweißen Felsen des Gipszuges, der den Talrand auf der ganzen Strecke zur Rechten begleitet, im wirkungsvollen Gegensatze zu den weniger steil abfallenden grünen Harzbergen aus dem Tale, in dem sich die wassergefüllten Erdfälle der Teufelsbäder aneinanderreihen, bis zu hundert Metern jäh emporsteigen [13]." So oder ähnlich mag auch Goethe diese Gegend gesehen haben. Ein Gipsbruch fiel ihm auf, ,,der sehr schöne Formen hatte"; F. Dennert vermutet ihn in der Gegend von Aschenhütte nordwestlich von Herzberg.

Und weiter steht im *Geognostischen Tagebuch*:

Der Gips geht an der linken Seite der Teufelsbäder immer fort bis Osterode, wo er auf der Landseite sehr hohe Felsen macht.

Heute ist das Kleine Teufelsbad teilweise, das Große ganz verlandet. Auto- und Bahnreisende sehen Teich und sumpfige Wiesen unmittelbar nordostwärts ihrer Verkehrswege unweit vom südöstlichen Stadtrand Osterodes.

---

12 In Wirklichkeit handelt es sich um Knochenreste einer dem Höhlenleben angepaßten früheiszeitlichen Bärenart (ursus deningeri v. Reich) und dessen Begleitfauna (nach Vladi). 1988 fanden Archäologen einen kompletten Höhlenbärenschädel.
13 Günther, Der Harz, S. 4.

Kraus zeichnete – wohl später, da sie am 10. August nicht am Wege lagen – einen Gipsbruch bei Petershütte und eine Gipsklippe bei Lasfelde (heute beides im nordwestlichen Stadtgebiet von Osterode)[14]. Auf der Reise nach Italien zwei Jahre später verglich Goethe Kalkfelsen bei Abach, in der Nähe von Regensburg gelegen, mit dem Kalk von – wie er schrieb – Osteroda am Harz, ein Zeichen dafür, daß ihn die Formationen am südwestlichen Harzrand sehr beeindruckt hatten.

Die Reisegesellschaft verließ die ehemalige Hansestadt, damals Sitz einer bedeutenden Eisenindustrie, über den Ortsteil Freiheit und gelangte von dort auf der alten Harzstraße Osterode – Goslar nach Clausthal-Zellerfeld. Man hat 1969 die Teilstrecke von Freiheit bis zum Heiligen Stock zur Umgehung von Lerbach, einem alten Eisenhüttendorf im Tal des gleichnamigen Wasserlaufs, zu einer der schönsten Harzstraßen ausgebaut.

In der Literatur über Goethes Harzreisen findet sich immer wieder die Angabe, Goethe sei von Osterode über Wildemann nach Clausthal-Zellerfeld gereist. Vermutlich hat ein Satz im *Geognostischen Tagebuch* dazu Anlaß gegeben:

Nach dem Wildenmann auf dem Zuge am Fuße des Badstubenberges eine Felspartie hinter einem Hause, die Kr(aus) gezeichnet . . .

Der Umweg über Wildemann – und von dort entweder durch das Spiegeltal oder im Innerste- und Zellbachtal entlang nach Zellerfeld – hätte die Tagesstrecke der Weimarer Reisenden um sieben bis neun Kilometer verlängert[15] – und das im bergigen Gelände mit zweihundert Metern Höhenunterschied und schweren Fahrzeugen. Bedenkt man, daß sich die Ankunft in Clausthal-Zellerfeld infolge des Achsenbruches bei Dingelstädt ohnehin verzögert hatte, konnte Goethe dem Herzog wohl kaum zumuten, daß er ,,mit Mann und Roß und Wagen'' einiger geologischer Beobachtungen wegen fast schon angesichts des ersten Reiseziels eine ,,Extratour'' nach Wildemann einschob. Die zitierte Eintragung dürfte sich auf eine Beobachtung beziehen, die Goethe später bei einem Ausflug nach Grund machte; dafür spricht auch, daß es sich um die letzte Notiz über den ersten Teil der dritten Harzreise handelt, in dem die Datierung unvollständig ist. Auch ist nicht auszuschließen, daß sich Goethe bei der Fülle seiner geologischen und mineralogischen Beobachtungen entweder schon

---

14 Nach Laub, Zu Goethes Sammlung von Felszeichnungen aus dem Harz.
15 Nach unveröffentlichten Berechnungen von G. Laub.

bei der ersten Niederschrift oder bei der sehr viel späteren Überarbeitung nicht mehr genau an die Reihenfolge erinnern konnte.

Der Dichter war nun zum dritten Mal in Clausthal-Zellerfeld, und die Doppelstadt mit ihrem regen wirtschaftlichen und gesellschaftlichen Leben war ihm gewiß schon sehr vertraut. Groß mag die Freude über das Wiedersehen mit seinem Freunde von Trebra und dessen Frau gewesen sein. Er dürfte allerdings dieses Mal nicht in deren Hause gewohnt haben, wie manche vermuten. Tatsächlich weiß man über Goethes Quartier nichts, aber es fällt auf, daß Trebras in den Briefen – anders als im Vorjahr – nicht mehr erwähnt werden. Wahrscheinlich konnte oder wollte sich Goethe nicht vom Herzog und von Kraus trennen, und sie alle aufzunehmen, war der Vizeberghauptmann gewiß nicht in der Lage, obwohl er eine geräumige Dienstwohnung bezogen hatte[16].

Am 11. August, einen Tag nach der Ankunft in Clausthal-Zellerfeld, schrieb Goethe an Frau von Stein:

Wäre ich weiter von dir, nur auf einer sicherern Postroute, entfernt, so hätte ich Hoffnung, daß dieser Brief schneller, als jetzt geschehen wird, zu Dir kommen könnte. Wir sind hier glücklich angelangt und haben das schönste Wetter, besteigen die Berge und sehen uns in der weiten Welt um. Du hast außer den Steinen keine Nebenbuhlerin, und ich wünschte Dich zu den schönen Tagen hierher.

Du hast nun, ich hoffe, den Anfang des Gedichtes, den ich Dir durch Herders schickte; Du wirst Dir daraus nehmen, was für Dich ist. Es war mir gar angenehm, Dir auf diese Weise zu sagen, wie lieb ich Dich habe.

Es ist anzunehmen, daß der ortskundige Goethe dem Herzog und Kraus an diesem 11. August die beiden Bergstädte sowie die nähere Umgebung mit ihren geologischen Besonderheiten zeigte und daß man Antrittsbesuche machte, waren doch die hohen Weimarer Gäste schon am nächsten Tag beim Berghauptmann von Reden zum Souper eingeladen. – Bei dem im Brief erwähnten ,,Anfang des Gedichtes'' handelt es sich wieder um die Stanzen der *Zueignung,* die er Herder mit der Bitte geschickt hatte, sie an Charlotte weiterzugeben.

Über den Verlauf des nächsten Tages, des 12. August, lassen sich nur Ver-

16 In der damaligen Zeit verfügten ,,Standespersonen'' über eine Anzahl Repräsentationsräume – man denke z. B. an den I. Stock von Schillers Haus in Weimar, an Goethes Haus am Frauenplan. Solche Zimmer wurden nicht zu Nachtlogis umfunktioniert.

mutungen anstellen. Ein Brief an die Freundin, am 13. bei der Morgentoilette geschrieben, bietet nichts Genaues:

Gestern sind wir von morgens fünfe in Bewegung gewesen und haben noch abends mit einem Souper beim Berghauptmann v. Reden geendigt. Ich schreibe Dir dieses unterm Frisieren, denn heute gibt's wieder Bewegung genug. Es wird in die Gruben eingefahren, ein beschwerlicher Weg, der mir sehr lehrreich sein wird. Auf Höhen und in Tiefen schicke ich Dir meine Gedanken zu und freue mich, die Berge wiederzusehen, die ich schon vor Jahren mit Sehnsucht zu dir im Herzen bestiegen habe. Meine Gedanken gehen immer darauf, Dir, was ich gesehen, zu erzählen oder Dir etwas zu dichten, das Dich erfreuen könnte. Ich denke fleißig an den Plan des Gedichtes und habe ihn schon um vieles reiner. Wenn uns Regenwetter oder sonst ein Unfall begegnet, so fahre ich gewiß weiter fort. Ich kann Dir versichern, daß außer Dir, Herders und Knebeln ich jetzt gar kein Publikum habe. Krause zeichnet ganz fürtrefflich, und ich bin recht glücklich, daß ich Dir die schönen Gegenstände so schön gezeichnet mitbringen kann. Mit meinen Spekulationen geht's immer vorwärts, und ich komme gewiß und balde auf den rechten Punkt. Das Wetter ist ganz köstlich, und es fehlt mir nichts als die Briefe von Dir. Möchtest du diesem Blatt recht anfühlen, wie lieb Du mir bist und wie meine einzige Aussicht, ich mag eine Höhe ersteigen, welche ich will, Dein süßer Umgang bleibt.

Dieser Brief zeigt wieder einmal eine Fülle von Neigungen und Interessen Goethes, die, im Harz mannigfach angesprochen, den Dichter in einen Zustand beglückenden Ausgefülltseins versetzten: der Ilmenauer Bergwerksdirektor und der forschende Geologe, aber auch der Dichter und vor allem der zärtliche Verehrer der zu seinem Leidwesen fernen Geliebten kommen in den rasch hingeschriebenen Zeilen in verwirrender Folge zu Worte. Was taten Goethe und Kraus, vielleicht auch der Herzog, nun aber tatsächlich am zweiten Tage ihres Aufenthaltes ,,auf dem Harze'', am 12. August? Vieles spricht dafür, daß sie, vielleicht in Begleitung von Trebras, eine geologische Exkursion in westlicher Richtung unternahmen. Auf einem Folioblatt aus Goethes Nachlaß mit Notizen zur Vervollständigung einer Liste der Kraus-Zeichnungen ist unter anderem die Frankenscharrnhütte genannt, die Goethe bereits 1777 besucht hatte. Sie liegt auf dem Wege nach Grund, der ältesten, damals aber auch kleinsten der sieben Oberharzer Bergstädte. Bei Grund wurde schon sehr früh Eisenstein im Tagebau gewonnen. Als Goethe dort war, befand sich der Tiefe Georgstollen, ein technisches Wunderwerk jener Zeit, seit sieben Jahren in Bau. Der Reisende aus Weimar erwähnte ihn in keiner seiner Aufzeichnungen über die Harzreisen, ein weiteres Zeichen dafür, daß ihn bergbauliche Anlagen nicht in dem Maß interessierten, wie das immer wieder behauptet wird. Gewiß ist er aber auf dem Iberg gewesen, einem mächtigen Klotz aus Korallen- und Algenkalken, in dem sich die im 18. Jahrhundert noch nicht begehbare Iberger Tropfsteinhöhle befindet. Am Fuße des Iberges liegt auch der sagenumwobene Hübichenstein. Kraus fertigte eine ,,vollkommen ausgeführte Zeichnung'' davon und eine Vignette für Trebras Werk *Erfahrungen vom Innern der Gebirge.* Eine weitere Zeichnung, flözartig gelagerte Grauwacke in der Nähe von Wildemann darstellend, könnte ebenfalls an diesem Tage entstanden oder von Goethe in Auftrag gegeben worden sein. Der nächste Weg von Grund nach Zellerfeld führte über diese Oberharzer Bergstadt, deren erstes Bergwerk nach einer der bekanntesten Sagengestalten des Harzes, dem Wilden Mann, benannt sein soll[17].

Über den nächsten Tag wissen wir endlich Genaues. Eine Eintragung im Fremdenbuch der Grube Dorothea, vom Herzog geschrieben, bezeugt, daß der Herzog und sein für den Bergbau zuständiger Minister

> den 13. August 1784 zur Caroline eingefahren und zur Dorothea ausgefahren.
>
> Carl August, H. z. S.
>
> Goethe

Dieses Mal war die Besichtigung unter Tage offenbar – anders als 1777 – ohne Zwischenfall verlaufen. Goethe erwähnte das Unternehmen nicht einmal, als er sein Schreiben an die Freundin, das er am Morgen des 13. begonnen hatte, am späten Abend – er schreibt ,,nachts'' – wie folgt ergänzte:

> Heute abend hoffte ich, mich recht mit Dir zu unterhalten. Ich hoffte, um 3 Uhr zu Hause zu sein und Verschiedenes zu arbeiten. Jetzt ist's elfe, und ich kann Dir nur eine gute Nacht sagen. Gute Nacht, Lotte, erinnere Dich, wie oft ich Dir eine herzliche gute Nacht geboten habe.

Auf dem Programm des 14. August stand vermutlich ein Ausflug nach dem Acker südöstlich von Clausthal, wobei es erhebliche Höhenunterschie-

---

17 Natürlich kann es auch sein, daß man auf dem Hinweg über Wildemann nach Bad Grund gelangte und den Rückweg über Frankenscharrnhütte nahm.

de zu überwinden gab, mußte man doch von der Clausthaler Hochebene zweihundert Meter tief hinab ins Tal der Söse und am gegenüberliegenden Hang wieder hinauf bis zur höchsten Erhebung des langgestreckten, von Mooren und Fichten-Urwald bedeckten Bergzuges. Dessen von Kraus gezeichneter höchster Punkt ist die Hanskühnenburg (811 m), ein Quarzit-Felsen, von dem die Sage erzählt, er sei das verwünschte Schloß eines kühnen Räubers namens Hans gewesen. Im Brief an Charlotte, vor der Exkursion geschrieben, steht es so:

> Ich muß dir wieder unter dem Frisieren schreiben, und es wird wohl ziemlich das letzte sein. Heute geht es nach einem hohen Berg, wo eine schöne Klippe zu sehen ist, und morgen nach Goslar hinunter. Es ist hier so viel Interessantes, daß ich wohl eine Zeit hierbleiben und mich unterrichten möchte, mein Lottchen müßte aber auch in Zellerfeld wohnen, daß ich sie abends fände, wenn ich müde nach Hause käme.
> In meinen Spekulationen bin ich auch glücklich. Ich finde überall, was ich suche, und hoffe, den Ariadneischen Faden balde zu besitzen, mit dem man sich aus diesen anscheinenden Verworrenheiten heraus-winden kann.

Im letzten Absatz dieses Briefes handelt es sich wieder um Überlegungen zu geologischen Problemen. ,,Goethes Interesse galt auch auf dieser Reise in erster Linie dem Granit''[18], und zwar besonders seiner Entstehung und Verwitterung. Der letzte Brief aus Zellerfeld vom Abend des 14. August wiederholt die Ankündigung der Abreise nach Goslar. Außerdem erfährt man, daß der Dichter an dem Text einer Operette, nämlich *Scherz, List und Rache,* arbeitete, wenn er unterwegs zu nichts anderem Lust hatte:

> Nur noch eine gute Nacht! Liebste Lotte, morgen früh geht's zeitig von hier ab nach Goslar. Krause hat heute wieder sehr schön gezeichnet, und wenn ich die Gegenstände, die wir sehen, auf seinem Papier wachsen sehe, freu ich mich nur immer, daß ich Dir sie werde zeigen, daß ich dir ein Teil an unsern schönen Stunden geben kann.
> Ich habe keine Sorge, als Dich zu verlieren, und wenn ich denke, daß Du mir bleibst, scheint mir alles in der Welt auszuhalten, habe ich auch Mut zu allem.
> An dem Gedichte habe ich hin und her gesonnen, geschrieben nichts

---

18 Sanders, Am Altar der Schöpfung, S. 68.

wieder.

Die Operette ist auch bald fertig, daran mache ich eine Arie oder ein
Stück Dialog, wenn ich sonst gar zu nichts tauge.

Adieu, liebste Lotte! Nun fangen mir an Deine Briefe zu fehlen, vielleicht finde ich etwas in Braunschweig. Du erhältst von daher auch
bald Briefe von mir. Lebe wohl, liebe mich!

Die Reisegesellschaft traf am 15. August vermutlich so frühzeitig in Goslar
ein, daß Goethe dem Herzog und Kraus noch die Lage und vielleicht Über-
Tage-Anlagen des Erzbergwerks Rammelsberg zeigen konnte, und fuhr –
ohne den Zeichenprofessor, der im Harz blieb, um auftragsgemäß weiter-
zuarbeiten – am folgenden Tag nach Braunschweig.

Der Aufenthalt dort sollte sich länger hinziehen, als der Dichter erwartet
hatte: Er hatte gehofft, seinen 35. Geburtstag auf dem Brocken feiern zu
können, doch er erreichte den geheimnisvollen Berggipfel, der ihn immer
von neuem mit fast magischer Kraft anzog, erst sechs Tage später, am
3. September; doch darüber später.

Politisches Intermezzo in Braunschweig

Über den Verlauf und Mißerfolg des Staatsbesuches in der alten welfischen
Residenz an der Oker wurde das Notwendige bereits gesagt[19]. Obwohl in
den Briefen, die Goethe der Freundin während seines Aufenthaltes in
Braunschweig schrieb, nur wenig vom Harz die Rede ist, sind sie doch auf-
schlußreich in mancherlei Hinsicht.

Sie lassen zunächst einmal das Savoir-vivre des zeitweilig aufgeschlossenen,
dann wieder gelangweilten Staatsministers und Dichters aus Weimar erkennen, der zwar lieber weiterhin frei von allen Verpflichtungen im Harz
umhergestreift wäre, nun aber, da dies nicht möglich war, sich in das Un-
abwendbare schickte und mit großer Gewandtheit bei Hofe sich zu bewegen wußte, so daß man ihm nicht anmerkte, wie ihn so manches dort an-
ödete. Das setzte Selbstbeherrschung und Selbstbewußtsein voraus; Goethe war sich sehr wohl im klaren, wem er solche Lebensart verdankte: Charlotte von Stein, und er schrieb es ihr aus Braunschweig.

Der Dichter nutzte die Zeit, Menschen zu beobachten: seinen Herzog und
dessen Onkel, Carl Wilhelm Ferdinand; die aus dem Amerikanischen Un-

19 Vergl. S. 95.

abhängigkeitskrieg heimgekehrten Soldaten, die dieser Fürst in seiner Geldnot den Engländern verkauft hatte; und die ,,Hofleute'', die von ihm so raffiniert ausgenutzt wurden. Aber Goethe war sehr vorsichtig, denn er befürchtete eine Zensur der abgehenden Post und schrieb über den Welfen und seine neue Geliebte in aller Offenheit erst in einem Brief an Charlotte, den er ihrem Mann mitgab; der Stallmeister reiste nämlich früher als Goethe nach Weimar zurück.

Es ist noch mancherlei anderes in diesen Schreiben aus Braunschweig der Beachtung wert: die Messe in der Residenzstadt, wo es Außergewöhnliches zu sehen gab; die Nachricht von neuen Strophen des Gedichtes, womit stets die *Zueignung* gemeint ist; und schließlich immer wieder die Sehnsucht nach dem Harz, die kaum geringer war als das Verlangen nach Charlotte. Die Braunschweiger Briefe, auf ihren Wunsch französisch geschrieben, charakterisieren Goethe treffend. Deshalb sollen sie hier ungekürzt in deutscher Übersetzung [20] eingefügt werden.

Braunschweig, den 18. August.

Wie ich so diese welschen Schriftzeichen sah, die meinem Herzen fremd sind, beschlich mich ein ganz neu Gefühl; das S i e und wieder S i e machte mich zittern. Ich wandte rasch das Blatt, um Ausschau zu halten nur nach einem Worte der geliebten Sprache, die mir Tag für Tag teurer geworden ist, seit Du sie mit dem Ausdruck so reiner Herzensempfindung bereicherst. Ach, meine Beste, ich möcht lieber das Spiel nicht weiter treiben, die Feder will nicht mit fort, und nur mit Mühe übersetze und verkleide ich die ursprünglichen Gefühle meines Herzens. Nur durch Dich werd ich mir des Daseins bewußt, Du hast mir den Wert der Selbstschätzung verliehen, Du hast mir Vaterland, Sprache, Stil gegeben, und da soll ich schließlich Phrasen schreiben! Nein, meine Liebe, ich bring's nicht fertig! Doch ich fahre fort. Wenn ich je diese Sprache lerne, die jeder zu verstehen meint, dann bist Du meine Lehrmeisterin. Gern will ich Dir auch dieses Talent verdanken, wie ich Dir schon so manches danke, das noch besser ist.

Also: erst kletterten wir über die Berge, und nun sind wir auf dem Parkett des Hofes. Ich finde mich dabei ganz gut, unterhalte mich auch; denn ich lebe dahier ohne Anmaßung, ohne Wunsch, und so viel neue Dinge geben Stoff zu tausenderlei Betrachtungen.

20 Übersetzung von Kellner, übernommen von Dietert, Goethe im Harz, S. 57 ff.

Was unseren guten Herzog anlangt, so langweilt er sich schrecklich. Er möchte gern Anteil nehmen, möchte gerne was bedeuten. Der streng bemessene Gang des ganzes hiesigen Tuns und Treibens nagt ihn. Er muß auf seine geliebte Pfeife verzichten. Eine Fee könnt ihm keinen angenehmeren Dienst erweisen, als wenn sie diesen Palast in eine Köhlerhütte verwandelte.

Er tut mir wirklich leid. Wir andern finden immer unter der Masse von Höflingen und Fremden einen, mit dem wir über das und jens ein Wort reden können; dagegen muß er immer mit den Königlichen Hoheiten zusammen sein, die alle möglichen Fragen an ihn richten, auf die er keine Antwort weiß. Er zieht sich dann aus der Sache heraus, so gut oder schlecht es eben gehen will, macht den Zugeknöpften, und schließlich wird's ihm übel zumute. Auf der andern Seite ist der Braunschweiger Herzog nicht sehr mitteilsam. Er hat die allerbesten Formen, aber es sind eben nur Formen, und es verlangt mich, was das für ein Ende nehmen wird.

Ich bin so glücklich, liebe Lotte, das alles zu sehen und dabei zu denken, daß ich Dir's bei meiner Rückkehr erzählen kann.

Adieu für dieses Mal. Wir haben eine Oper gesehen vor versammeltem Hofe. Heute ist Redoute. Adieu bis morgen.

Den 19. August.

Bin lange auf der Redoute geblieben, ohne mehr als zwei Kontertänze mit den Hofdamen zu tanzen. Die übrige Zeit verstrich unter nichtigem Geschwätz über nichts. Der Saalschmuck war leidlich glänzend; es war der alte Opernsaal in guter Beleuchtung. Der Herzog zeigt sich überall als vernünftiger Mann, der aus allem Nutzen zieht, selbst aus den törichten Einfällen seiner Vorfahren, soweit das sich eben machen läßt. Ich bewundere seine Klugheit und sein Verhalten in allem, was ich sehen und ergründen kann. Es steckt viel in seinem Kopfe, und er weiß, was er will. Nichts Überflüssiges, Willkürliches, Unnützliches! Bin ich erst zurück, mal ich Dir alles aus, was ich gesehen habe. Manchmal krieg ich Lust, einen Bericht für Dich zu schreiben im Stile des Johannes Eremita[21]; aber ich habe keine Zeit, und gewisse Dinge bringt man lieber nicht zu Papier.

Ich für meinen Teil kann ganz zufrieden damit sein, wie ich hier be-

21 Goethe meinte Daniel Eremita, Amsterdam, gest. 1613, der ein *Iter Germanicum* mit Ausfällen gegen deutsche Fürsten schrieb (nach Dietert, Goethe im Harz, S. 59, Anm.).

Georg Melchior Kraus · Eingang der Baumannshöhle

Johann Wolfgang Goethe · In der Baumannshöhle

handelt werde. Ich hab's gelernt, auf meiner Hut zu sein, die Leute im Auge zu haben, ohne mich's merken zu lassen. Das ist ein Talent, darin ich mich alle Tage zu vervollkommnen suche.

Carl[22] ist hier. Er ist gewachsen. Ein prächtiger Kerl! Er spricht gut und scheint verständig. Das zukünftige Ebenbild seines Vaters! Ich freue mich seines Anblicks.

Ich muß Dir noch eine Anmerkung mitteilen, die ich schon lange gemacht habe und alltäglich bestätigt finde. Inkognito in der Welt zu weilen, ist ganz leicht. Jeder macht sich von einem eine Vorstellung, ohne sich sonderlich drum zu kümmern, ob sie wahr oder falsch ist. Man hat mit sich selbst viel zu viel zu tun, und wenn man ein bißchen leise auftritt, kann man machen, was man will, ohne viel Aufsehens zu erregen. Darum kommen auch die Schelme besser vorwärts als die anständigen Leute. Die letzten Zeilen schreibe ich den 20. August. Gestern dauerte der Tag etwas lang, und ich sehe mit Bangen noch etliche dieser Art voraus.

Ich habe schöne Schreibvorlagen gekauft, in Kupfer gestochen. Ich will meinen Schriftzeichen Gestalt geben; ihr Aussehen ist noch nicht recht hübsch. Nur um Dir zu schreiben, Dir in hübsch gemalten Buchstaben zu sagen, was ich Dir so oft gesagt habe und immer wieder sagen werde! Leb wohl, Liebste, gedenke in Deiner Zurückgezogenheit Deines Liebenden, wie er im Strome der Welt Dein Bleibender ist! Ich weiß, ich werde Dich durch meine Erzählungen unterhalten, wenn ich zurück bin.

Leb wohl! Nachrichten von Dir hoffe ich nicht mehr, von mir bekommst Du Nachricht. Grüß unsern Fritz[23]! Ich schreibe ihm mit nächstem Eilboten. Adieu, adieu.

Braunschweig, den 21. August 1784.

Diesen Abend hab ich mich vom Hofe weg geflüchtet, um Dir ein paar Zeilen zu schreiben. Wir haben hier allerlei Interessantes erlebt und viel Bekanntschaften gemacht. Dafür hat's aber auch lange Sitzungen gegeben in der Oper, an der Hoftafel; zumal die letzteren langweilen mich entsetzlich.

Diesen Abend gab's eine Vorführung aus Amerika zurückgekehrter

---

22 Charlottes Sohn Carl von Stein, vergl. S. 75.
23 Charlottes Sohn Fritz von Stein, den Goethe in Weimar in sein Haus genommen hatte. Er war bei der 2. Harzreise dabei, nicht aber bei der 3.

Krieger. Sie waren als Wilde verkleidet, tätowiert und bemalt. Es war ein absonderlicher Anblick. Ich könnte nicht sagen, daß diese Wilden so schrecklich und widerlich aussahen, wie's der eleganten Welt vorkam; es offenbart sich in ihnen eben nur das natürliche Bestreben eines Rückfalls ins Tierische. Sie haben keinerlei Gedanken, der sie über sich selbst erhöbe. Kaum haben sie es gelernt, den dringendsten Bedürfnissen zu genügen, so sehen sie sich ihre Umgebung an und erblicken da die schön gemalten Vögel, die schönpelzigen Vierfüßler, sich selbst sehen sie nackt, und ihre glatte Haut langweilt sie nur. Da sind sie rasch bei der Hand, die Vielfältigkeit nachzuahmen, womit die Natur ihre Kinder zu bekleiden weiß. Was ihren Tanz und ihre Gewohnheiten anlangt, so ähnelt das dem Tanze und den Eigenheiten der Affen. Was ich davon mir gemerkt, erzähle ich Dir noch.

Liebe Lotte, Du weißt, ich mag in meinen Briefen nicht gerne von Personen reden; nach meiner Rückkehr sollst Du alles erfahren, was ich drüber denke. Ich hab das Gefühl, als reiste ich nur für Dich. Die Dinge würden mich gar nicht interessieren, wär's nicht, daß ich hoffte, ich könnte Dir davon erzählen.

Den 22. August.

Einstweilen die Nachricht, daß ich auf der Messe ein schönes Zebra oder gestreiften Esel gesehen habe, der mich sehr ergötzt hat. Die Gestalt ist die eines gewöhnlichen Esels, nichts weniger als schlank und schön, aber die Zeichnung, nach der er benannt ist, ist so reizend, daß sie sich nicht beschreiben und vorstellen läßt. Mittwoch, den 23. reisen wir von hier ab, und ich werde meinen Geburtstag auf dem Brocken feiern können. Meiner Berechnung nach werde ich den 8. oder 10. nächsten Monats wieder nach Weimar zurück sein. Wie freue ich mich darauf, Dich da zu treffen!

Adieu, meine Liebe! Jetzo, da ich ferne von Dir bin, ärgere ich mich, daß ich's nicht besser angestellt habe, Briefe von Dir zu erhalten. Mir ist's, als fehlte mir's an Lust. Leb wohl! Ich finde nichts, das Dir gliche und Dich mir ersetzen könnte, wär's auch nur für einen Augenblick. Adieu tausendmal.

Den 23. August.

Ich hab noch ein paar Augenblicke und greife wieder zur Feder; meine Liebe ist so reich, daß es sich doch nicht ziemen mag, Dir ein ganz weißes Blatt zu schicken. O einzig Geliebte, teure Vertraute all meiner

Empfindungen, wie verlangt mich's doch, mit Dir zu reden, mit Dir meine Gedanken zu teilen! Du hast mich in der Welt vereinsamt, ich finde niemand etwas zu sagen, niemand, wer's auch sei. Ich rede, um nicht zu schweigen. Das ist alles.

Ich weiß nicht, hab ich Dir's schon gesagt? Im Harz hab ich mit Entdeckungen Glück gehabt. Hätt' ich mehr freie Zeit, ich leistete sicherlich was für die Naturgeschichte. Kraus hat reizende Zeichnungen gemacht; er wird andre dazu gemacht haben, während wir hier sind. Er steckt noch in den Bergen. Ich bin doch verlangend, was er zusammengearbeitet hat.

Die Schriftzeichen der Natur sind groß und schön. Ich behaupte, sie sind leserlich. Aber dem Menschen sagen kleinliche Ideen mehr zu, weil er selbst klein ist und sein engbegrenztes Dasein nicht mit den Wesen der Unendlichkeit vergleichen mag.

Den 23. August.

Ach meine Liebe! Was für ein Strich durch meine Rechnung! Der Herzog hat seinen Plan geändert, und wir reisen erst in acht Tagen. Mir könnt's recht sein; denn es gibt noch allerlei hier zu sehn, und wir würden bei der Abreise unsere Gesellschaft besser kennen; aber da sind die schrecklichen sechs Stunden, die ich täglich an der Hoftafel zubringen muß!

Heute haben wir einen angestrengten Weg zurückgelegt, um die Galerie von Salzdahlum[24] uns anzusehen. Da gibt's artige Sachen, die ich in Deiner Gesellschaft mir ansehen möchte, vor allem einen Everdingen, ein wahres Meisterstück, und noch manches andere, was ich Dir seinerzeit beschreiben will.

Schließlich noch einen Vers in deutscher Sprache! Er wird seine Stelle finden in dem Gedichte, das ich darum so liebe, weil ich darinne von Dir, von meiner Liebe zu Dir, unter tausend Formen sprechen kann, ohne daß jemand außer Dir es versteht.

24 Dorf bei Wolfenbüttel. Hier entstand 1689—94 ein Barockschloß mit Parkanlage, das wegen seiner prächtigen Ausstattung als „deutsches Versailles" (Germain Brice) bezeichnet wurde. Die Galerie zählte damals zu den fünf bedeutendsten Kunstsammlungen Deutschlands. – Den niederländischen Landschaftsmaler Allart Everdingen (1621—1675) schätzte Goethe besonders wegen seiner Radierungen zu *Reineke Fuchs*. – 51 Jahre vor Goethes Besuch wurde in Salzdahlum Friedrich d. Gr. mit der Welfenprinzessin Elisabeth Christine getraut. Das Schloß wurde noch zu Lebzeiten Goethes auf Abbruch versteigert und ist spurlos verschwunden.

Gewiß, ich wäre schon so ferne, ferne,
Soweit die Welt nur offen liegt, gegangen,
Bezwängen mich nicht übermächt'ge Sterne,
Die mein Geschick an deines angehangen,
Daß ich in dir nun erst mich kennen lerne,
Mein Dichten, Trachten, Hoffen und Verlangen
Allein nach dir und deinem Wesen drängt,
Mein Leben nur an deinem Leben hängt[25].

Braunschweig, den 27. August 1784.

Ich kann den Courier nicht ablassen, ohne Dir einige Zeilen zu schreiben. Es geht in demselben Zuge weiter, wie wir zu leben begonnen haben. Doch will mich's jetzt bedünken, daß wir wohl daran getan haben, länger zu bleiben. Bei der Abreise werden wir unsere Leute doch etwas besser kennen und vielleicht auch umgekehrt. Und unsere Eigenliebe erblickt hierin für uns einen Vorteil. Unser Herzog hat seine Sachen sehr gut gemacht; er ist ganz sachte seinen Weg gegangen. Das Publikum, das, wie Du weißt, immer Wunder verlangt, ohne selbst je eins zustande zu bringen, sah ihn für einen beschränkten Menschen an. Nach und nach aber entdeckten sie an ihm gesunden Menschenverstand, Kenntnisse, Geist, und wenn er noch etliche Kontertänze tanzt und noch weiter den Damen den Hof macht, werden sie ihn schließlich noch anbetungswürdig finden. Vor allen ist Großmama[26] von ihm entzückt, sie hat mir's selbst hundertmal gesagt. Er läßt sich für sie malen, das Bildnis wird ziemlich ähnlich. Wenn der Maler etwas schneller arbeitete, so hätte ich Dir auch ein Bildnis von mir mitgebracht; aber die Zeit ist zu kurz. Überdies ist ja doch das Original ganz Dein, und so hast nur Du das Recht der Vervielfältigung. Kraus ist aus dem Harz eingetroffen. Er hat mir eine Zeichnung mitgebracht, einen großartig schönen Granitfelsen. Ich freu mich schon im voraus, Dir all die schönen Sachen zu zeigen, Dir alle Beobachtungen mitzuteilen, die ich über die Formation der Berge gemacht habe. Wie glücklich bin ich, daß ich in Dir eine liebe Gefährtin finde in allem, was ich unternehme! Die Gedanken, die mir so gekommen sind über die Gestaltung unseres Erdballs, haben schon Bestätigung und

25 Die ursprünglich wohl für die *Zueignung* bestimmte Strophe findet sich dort nicht. Sie steht heute unter den Gedichten aus dem Nachlaß bei den Versen *An Personen*.
26 Vergl. S. 95.

Berichtigung gefunden. Das kann ich sagen: ich habe schon Gegenstände gesehen, die mein System bestätigen und dabei durch Neuheit und Größe überraschen. Ich bilde mir nicht ein, das Prinzip gefunden zu haben, nach dem diese Erscheinungen vorhanden sind, aber ich will ein Zusammenspiel von Wirkungen vorführen, die eine gemeinsame Ursache wenigstens wahrscheinlich machen. Dann mögen stärkere Geister als ich sie näher rucken!

An Kraus find ich mancherlei Hilfe. Er leiht diesen Dingen Dauer, die sonst bald meinem Gedächtnisse entschwinden würden. Denn mein Kopf hat's hier mit anderen Sachen zu tun. Die Menschen ziehen meine Aufmerksamkeit auf sich. Ich möchte nicht von hier weg, ohne jeden, den ich mit einiger Bequemlichkeit habe betrachten können, auch richtig zu beurteilen.

Leb wohl, liebe Lotte! Ich muß schließen. Ich füge einige Blätter des Journal de Paris bei. Du findest drinne einen Bericht von der Blanchardschen Luftreise[27].

Bewahre mir Deine Liebe! Leb wohl, leb wohl!

Morgen ist mein Geburtstag. Ich hatte gedacht, ihn auf dem Brocken feiern zu können, aber daraus wird nichts. Ich zweifle nicht, Du denkst an mich in Deiner Einsamkeit, beschäftigst Dich mit dem Freunde, der nur für Dich gelebt haben möchte. Alle Augenblicke meines Lebens, die ich ohne Kenntnis Deines Wesens, ohne den Besitz Deiner Liebe verbracht habe, sind in meinen Augen verloren. Nur für Dich kann ich leben und atmen.

Adieu noch einmal.

Den 28. August 1784.

Ich habe meinen Geburtstag auf dem Ball angetreten, wo ich in vollster Teilnahmelosigkeit viel getanzt habe. Diesen Morgen hab ich lange geschlafen. Bei meinem Erwachen war mir das Herz recht gedrückt, weil's so fern von allem sein muß, was es am innigsten liebt. Heute gibt's keinen solchen Feiertag wie voriges Jahr[28]. Ich verlebe den heutigen Tag am Hofe und beim Spieltisch. Ach, wie gern strich ich heute zwischen Wiesen, Felsen und Wäldern!

Die Stunde unserer Abreise nahet nun bald. Mit Ungeduld erwart ich Mittwoch. Die Dinge verlieren täglich an Neuheit, und mein Geist

27 François Blanchard hatte am 4. März 1784 die erste Luftreise unternommen.
28 Goethe hatte seinen 34. Geburtstag mit Charlotte v. Stein gefeiert.

wird träge und schwerfällig. Es geht mir die Gabe ab, diesen Mangel an Teilnahme vor der Gesellschaft zu verstecken, ob ich gleich mein möglichstes tue. Vor allen sind die Frauen hellsichtig genug, um zu empfinden, daß sie mir nichts sind und ich ihnen nichts sein will. Mit den Männern geht's eher vorwärts, aber auf die Dauer ist's auch nichts. Was es zu sehen gibt, hab ich gesehen. Selbst die Oper macht mir wenig Vergnügen. Die Komposition ist gar schön, allein es mangelt der Ausführung ein gewisses Einheitliches, worinnen einzig der Genuß liegt.

Den 29. August.

Gestern hatt' ich nur den einen Wunsch, einen Brief von Dir zu erhalten. Schon hatt' ich alle Hoffnung aufgegeben, da fand ich bei der Heimkehr vom Abendessen ein Paket, in dem einer steckte. Glücklicher hätte ich meinen Tag nicht beschließen können. Hättest Du mir Dein Tagebuch mitgeschickt, dann wär's der Gipfel meines Glückes gewesen. Der Ausdruck Deines seelenvollen Empfindens wäre mir neues Leben; denn mein Dasein hier friert allgemach ein. Und doch möcht ich noch länger bleiben, um die Dinge in größerer Nähe zu sehen und die Triebfedern dieses Werkes etwas besser noch kennen zu lernen.

Wenn Ursprünglichkeit zu allem gut ist, so ist sie vornehmlich nötig für Haltung und Benehmen des Staatsmanns. Wir können da von den andern wohl Einzelheiten lernen, wir können die äußeren Formen nachahmen, den Gesamtüberblick aber müssen wir aus eigner Kraft gewinnen.

Die gestrige Oper war artig, und es ward gut gespielt. Man gab die Scuola di Gelosi[29], Musik von Antonio Salieri, Lieblingsoper der Theaterbesucher, und die Besucher haben recht. Reichhaltigkeit, erstaunliche Mannigfaltigkeit! Das Ganze ist mit Geschmack und Zartsinn behandelt. Mein Herz rief nach Dir bei jeder Arie, vornehmlich bei den Finales und den Quintetten; denn die sind über die Maßen schön. Ich sende Dir den Text; er wird Dich vielleicht ergötzen, ob er gleich nur das Skelett eines sehr schönen Körpers ist.

Dieser Brief soll Dir von Stein überbracht werden, ich darf daher ein wenig offner sprechen; bis jetzt hab ich's vermieden, in meinen Brie-

---

29 Eine von mehr als 40 Opern des 1825 gestorbenen italienischen Komponisten, der in Wien lebte.

fen zu viel zu sagen, aus Furcht, sie könnten geöffnet werden; bei einem so politischen Fürsten wie dem Herzog von Braunschweig muß man auf alles gefaßt sein.

Unser Herzog ist artig behandelt worden. Sie haben einige Besprechungen gehabt, und er ist dabei ziemlich offen gewesen. Er scheint Achtung vor seinem Neffen zu haben. In der Tat muß so ein großer Herr, der den Kopf auf dem rechten Flecke hat, dahingegen unter seinesgleichen soviel Beschränktheit wahrnimmt, billig einen Verwandten bewundern, der mehr als bloßen gesunden Menschenverstand besitzt.

Die Hofleute sprechen von ihrem Gebieter ziemlich offen, und ich kann mir nach ihrem Reden von diesem absonderlichen Wesen ein ziemlich klares Bild machen. Darüber sind sie aber alle einig, daß er ein großes, schönes Ziel vor Augen hat, daß er in der Wahl seiner Mittel nicht falsch greift und in der Ausführung fest und folgerichtig ist. Nun, damit ist eigentlich das Wesen eines großen Menschen erschöpfend gezeichnet, wenn man ein in jedem Sinne so eingegrenztes Wesen groß nennen darf.

Die Hartfeld[30] ist sicherlich das interessanteste weibliche Wesen hier. Ihre Erscheinung und was sie liebenswert macht, läßt sich schwer sagen. Das wird's wohl aber gerade sein, was den unbeständigen Sinn des Fürsten gefesselt hat.

Übrigens ist das Verhalten des Herzogs gegen jedermann, namentlich gegen reiche Leute, die er an seinen Hof zieht, unvergleichlich. Das sieht er vollständig ein, daß es so leicht ist, die kleinen Eitelkeiten der Menschen zu befriedigen. So weiß er jedem nach seiner Art zu schmeicheln. Er benutzt die Männer, ergötzt die Frauen, und Leute, die völlig in Eigenliebe aufgehen, sind ihm am erwünschtesten. Kurz, er ist ein Vogelsteller, der seine Vögel kennt und mit geringem Bemühen und Kostenaufwand alle Tage bestimmt einige auf der Leimrute fängt.

Von seinem Verhalten gegen mich berichte ich Dir ausführlich. Es ist das eine Geschichte mit Fortsetzungen, die ich Dir zu erzählen habe.

Den 30. August.

Übermorgen geht's sicher fort. Dieser Brief trifft Dich in Deiner Ein-

30 Louise Henriette von Hartfeld, Geliebte des Herzogs Carl Wilhelm Ferdinand von Braunschweig; Nachfolgerin der Branconi.

samkeit[31]. Du mußt es fühlen, wie ganz ich Dein bin, wie es mich nach Dir verlangt. Nein, meine Liebe zu Dir ist keine Leidenschaft mehr, es ist eine Krankheit, eine Krankheit, die mir teurer ist als die vollkommenste Gesundheit, eine Krankheit, von der ich nicht genesen mag.

Ich habe neuerdings einige Stanzen des Gedichtes gemacht, das mir aufhilft, wenn ich fern von Dir bin. Wie froh werd ich sein, wenn Du damit zufrieden bist! Für Dich mache ich es. Die paar Worte, die Du mir in Deinem letzten Briefe davon schreibst, haben mir unendliche Freude bereitet.

Übrigens geht hier alles seinen Gang. Den eigentlichen Endzweck unserer Reise haben wir vollständig erreicht[32]. Ich vertraue Dir dies als Geheimnis an; denn sicherlich glaubt jedermann, daß wir nur der Unterhaltung wegen hierher gekommen sind.

Wir kehren von hier nach Goslar zurück zur Besichtigung der Bergwerke. Von da besteigen wir vielleicht den Brocken und steigen dann auf der anderen Seite auf Halberstadt mit Umweg nieder. Der Herzog geht auf Dessau[33], ich bleibe mit Kraus noch für ein paar Tage unter den Felsen des Roßtrapp; von da besuche ich die Fee von Langenstein[34], auf die Du nicht eifersüchtig sein wirst, und kehre gar rasch zurück zu Deinen Füßen. Ach, Liebe, wenn ich so recht lebhaft das Glück des Zusammenlebens mit Dir empfinde, wird das Fernsein mir ganz unerträglich.

Ich kenne kein ander Verlangen, als Dir zu gefallen, Dich glücklich zu wissen, soweit dies in meiner Macht steht, und täglich Deiner innigen Liebe immer würdiger zu sein. Denn was mein sonstiges Dasein betrifft, so gönnt das Glück mir soviel Guts, daß ich gar nicht alles gebrauchen kann, was es mir spendet.

31 Herr v. Stein hatte damals in Kochberg einen untauglichen, verlogenen Verwalter, so daß Charlotte – dort fast unabkömmlich – vorwiegend in dörflicher Einsamkeit lebte, um die Wirtschaft – bis hin zum Kuhstall – zu beaufsichtigen, da ihr Mann in seiner Gutmütigkeit von seinen Leuten zum Narren gehalten wurde. (Nach einem Brief Charlotte v. Steins an ihre Schwägerin, Frau v. Schardt.)

32 Offenbar hatte sich der Mißerfolg der Reise erst später herausgestellt (vergl. S. 95).

33 Carl August besuchte den Fürsten Leopold Friedrich Franz von Anhalt-Dessau, der sich auch für das Zustandekommen des Fürstenbundes einsetzte (nach Tümmler, Carl August von Weimar, S. 53).

34 Frau v. Branconi.

Ich hab viel über mich nachgedacht und über die andren vielleicht zu viel. Wie's immer damit sein mag, Du erfährst alles nach meiner Rückkehr. Es verlangt mich herzlich, Dich wiederzusehen; denn seit ich fort bin, erinnere ich mich kaum, daß ich einen Augenblick voller Vertraulichkeit gefunden habe.

Stein wird Dir unsere Abenteuer in seiner Weise erzählen. Erzähle ich Dir sie dann in meiner Weise, so magst Du klarer urteilen.

Willst Du nach Empfang dieses Briefes mir einen Boten nach Allstedt schicken, so wirst Du mich sehr erfreuen. Dem Briefe, der länger sein möchte als die bisherigen, solltest Du das Tagebuch beifügen, das mich nach so langer Abwesenheit Dir wieder näherbringen und erquicken wird. Bitte, tue es! Ich flehe Dich an bei allem, was der Liebe das Teuerste ist. Ich fürchte, vor dem 15. dieses Monats kann ich in Weimar nicht eintreffen; die Hoffnung, Dich dann zu finden, ist meine Stütze jetzt, wo ich ferne von Dir bin.

Den 31. August.

Ich muß endlich aufhören, mit Dir in Buchstaben zu sprechen. Mein Herz aber spricht mit Dir Tag und Nacht und will nicht schweigen. Ich hoffe zuversichtlich, mit dem Deinen ist's ebenso, und dies versüßt mir die Leiden der Abwesenheit. Noch freudiger wär ich, wenn ich sicher wüßte, daß es Dir gut geht und Du kein Zahnweh mehr hast. Lebe wohl! Mir ist's die Zeit über ganz wohl gewesen, nur das Unregelmäßige in der Lebensweise hat mir manchmal Unbehagen gemacht. Gott sei Dank! Nur noch zwei Essen sind zu überstehen. Morgen entschädigen uns die schönsten Felsen für all den Zwang, den wir uns bis jetzo auferlegt haben. Leb wohl! Wenn meine Forschungen mir Zeit lassen, versuch ich noch an meinem Gedichte zu arbeiten. Ich wünschte alles zu können, um nur Dir Vergnügen zu machen, und würde auch dann noch immer in Deiner Schuld bleiben.

Nochmals, lebe wohl, meine süße, angebetete Geliebte!

Von Goslar über Oker auf den Brocken

Aus dem letzten Braunschweiger Brief geht eindeutig hervor, daß Goethe am 1. September nach Goslar zurückreiste. Der Herzog und Kraus, der ja einige Tage zuvor in Braunschweig angekommen war, begleiteten ihn.

Nun setzen auch nach dreiwöchiger Pause die Notizen im *Geognostischen Tagebuch* wieder ein. Es fällt auf, daß Goethe von jetzt an mit dem Grubenkompaß[35] arbeitete – sollte Freund Trebra ihn damit ausgerüstet haben? Auch war er nach dem neuerlichen Besuch in Clausthal-Zellerfeld anscheinend noch vertrauter mit der Fachsprache, um in ihr „Beobachtungen, Meßwerte und Feststellungen niederzuschreiben, wie sie vergleichsweise auch im Feldbuche eines Geologen oder Lagerstättenkundlers unserer Tage zu finden wären. Hier sprach allein der kühle Geist des Naturbeobachters aus den nüchternen, ja, trockenen Aufzeichnungen[36]."

Nach diesen Niederschriften fuhren der Herzog und sein Minister gleich nach der Ankunft in Goslar in das Erzbergwerk Rammelsberg ein, das Goethe bereits 1777 besichtigt hatte[37]. Ein Notizblatt von ihm, offenbar während der Unternehmung oder unmittelbar danach flüchtig beschrieben, erweist, daß ihn der zweite Besuch tiefer beeindruckt hatte als der erste – oder war dieses Mal mehr zu sehen gewesen? Der von G. Laub ergänzte, im Original „kurzschriftartige" Text lautet nämlich:

Schwarze Höhle – erleuchtete Kammern – Flammengeprassel – Rauch, Zug, Glut – Funken, Sprühen, Knall. Dumpfes Getöse der springenden Felsen – Zusammenstürzende Flammen – Getös, Hitze[38].

Goethe und der Herzog hatten demnach das Feuersetzen kennengelernt, die Jahrtausende alte, schon in der Bronzezeit bekannte Abbaumethode, bei der man vor Ort lodernde Feuer entfachte, deren Hitze das metallhaltige Gestein ausdehnte und Risse erzeugte, besonders wenn das heiße Erz durch Begießen mit kaltem Wasser plötzlich abgekühlt wurde. Das so mindestens gelockerte, vielleicht schon abgeplatzte oder gar in ganzen Wänden herunterbrechende Gestein war verhältnismäßig leicht weiter zu verarbeiten. Im Rammelsberg war das Feuersetzen seit eh und je angewandt worden, und daran sollte sich auch vorerst nichts ändern. Endgültig eingestellt

---

35 Der Bergmanns- oder Grubenkompaß besteht aus der eigentlichen Bussole, deren Ring nach altem bergmännischen Herkommen in 24 Stunden (Horae), den Himmelsrichtungen entsprechend, eingeteilt ist, und dem Hängezeug. Das Streichen einer Schicht ist die Abweichung ihrer Horizontallinie nach irgendeiner Himmelsgegend, gemessen an diesem Grubenkompaß. Nach F. Dennert, Goethe und der Harz, S. 85, Anm. 3.
36 Laub, Zu Goethes bergbaulichen Studien im Harz, S. 210.
37 Vergl. S. 39.
38 Laub, a.a.O. S. 209 f.

wurde es erst 1879.

Wie in den Briefen aus Braunschweig angedeutet, hatte es der Herzog eilig, nach Dessau zu gelangen, um dort seine politischen Gespräche fortzusetzen. Gewiß hätte der Fürst es gern gesehen, wenn ihn sein Freund und Geheimsekretär begleitet hätte. Aber Goethe ging seiner eigenen Wege, weil er von den damaligen politischen Aktivitäten Carl Augusts nichts hielt: ,,Jedenfalls hat es Goethe 1784 und in den folgenden Jahren, nicht anders als seine Kollegen, ernstlich verdrossen, daß sich der Herzog in unruhiger Betriebsamkeit für eine Art Kuriertätigkeit – so konnte es scheinen – im Dienste einiger Fürsten sowie eines im Grunde unzuverlässigen preußischen Prinzen und seiner unautorisierten Berater... hergab, statt den eigenen Platz verantwortungsvoll auszufüllen[39].''

Carl August reiste also nach der Besichtigung der Rammelsberger Gruben nach Dessau ab, Goethe aber hatte nun Gelegenheit, frei von allen dienstlichen Pflichten seine mineralogischen und geologischen Studien nach eigenem Ermessen im Harz fortzusetzen. Kraus war ihm dabei ein nützlicher und sympathischer Begleiter.

Gleich am ersten Tage, der den beiden ganz gehörte, dem 2. September, bewältigten sie ein umfangreiches Programm. Im *Geognostischen Tagebuch* ist zunächst ein Schieferbruch bei Goslar erwähnt. Es handelt sich um die an der alten Harzstraße von Goslar nach Osterode gelegene Ratsschiefergrube am Hessenkopf. Weiter galt beider Aufmerksamkeit der am Petersberg, heute im Goslarer Stadtgebiet hart südlich der Bahnlinie nach Bad Harzburg gelegenen Klus, einem Sandsteinfelsen, in dem sich einst eine der Mutter Maria geweihte Kapelle und später eine Einsiedelei befunden haben sollen. Goethe vermerkte über die ,,Sandsteinklippe'' nur Geologisches und wandte sich einem in unmittelbarer Nähe gelegenen Kalkbruch zu.

Weiter ging es auf der Goslarer Straße (im Zuge der heutigen B 6) entlang der Abzucht nach Oker; Goethe nennt die ihm von der ersten Harzreise her bekannte Messinghütte. Der Weg führte weiter auf dem Eselsstieg am Osthang des Okertales nach Süden zum Ziegenrücken und dann zum Hutberg, an dessen Westhang bekannte Klippen wie der von Goethe erwähnte Treppenstein, die Käste und der Große Kurfürst liegen. Von dort stieg man wieder ins Okertal hinab und kehrte zur Messinghütte zurück; im ge-

---

39 Tümmler, Carl August von Weimar, S. 56.

genüber gelegenen Haus des Zehntgegenschreibers Volkmar übernachteten sie vermutlich.

Von dort aus brachen der Dichter und sein Zeichner am folgenden Tage, dem 3. September, zur Wanderung nach dem Brocken auf. Trebra hatte dem Freunde in einem nach Braunschweig adressierten Brief den damals von Goslar aus meistbenutzten Weg zum Torfhaus, nämlich die uralte Harzstraße von der Pfalz Werla beziehungsweise später Goslar über Ellrich nach Nordhausen, und die Mitnahme von Bergleuten aus Oker als Harzführer vorgeschlagen.

Obwohl einige Ortsangaben im *Geognostischen Tagebuch* erkennen lassen, daß Goethe und Kraus diesen Weg auch tatsächlich benutzten, hat ein Irrtum in den Aufzeichnungen Unklarheit geschaffen. Unter dem 3. September heißt es nämlich gleich am Anfang:

Von der Messinghütte ab. Den Arendsberg hinauf.

F. Dennert zitiert in seiner posthum veröffentlichten Arbeit *Neues über Goethes Harzreisen*, der wir auch eine genaue Beschreibung von Goethes Route von Oker nach dem Torfhaus verdanken, dessen Eintragung und fährt dann fort: ,,Es muß aber heißen: Den Adenberg hinauf. Gewiß ist dem Dichter der Name des Großen Ahrendsberges, des Königs des Okertales, während seiner Wanderungen an der Oker bekannt geworden; er ist aber weder an den vorhergegangenen Tagen noch an diesem 3. September auf ihm gewesen[40].''

Von der Messinghütte aus erreichten Goethe und seine Begleiter, nachdem sie den Adenberg über den Westhang erstiegen hatten, die erwähnte Fernstraße über den Harz, die steil, teilweise als Hohlweg, an der Ostseite hinaufführte. Oben, nahe den Fuchsklippen waren die sogenannten Adenbergisch Kuhläger, die Goethe erwähnt. Weiter ging es über den Kranken Heinrich, einen Rastplatz für Fuhrleute an einer im Sommer oft versiegenden, daher ,,kranken'' Quelle[41], nach den Stiefmutterklippen mit dem Sandbrink, und dann östlich vom Taternbruch nach dem Wildenplatz, heute Wildenhagen. Hier stand bis 1842 ein Stall für Stuten mit jungen Fohlen des braunschweigischen Landesgestütes; die Pferde wurden nämlich im Sommer auf die Waldweide getrieben. Als nächstes nennt Goethe im *Geognostischen Tagebuch* ein Drachtal. Wahrscheinlich hatte er die Bergleute, die ihn führten, nicht genau verstanden, nicht richtig zugehört

40 F. Dennert, Neues über Goethes Harzreisen, S. 6.
41 Schmidt, Auf einer uralten Harzstraße von Oker nach Torfhaus, S. 128 f.

oder den Namen nicht behalten. Dennert vermutet, daß er das Große und Kleine Trogtal meinte, wo es früher Eisengruben gab. Ihre Ausbeute wurde auf der Ellricher Straße, die hier auch Eiserner Weg heißt, zur Verhüttung gefahren. Heute wird nördlich des Kleinen Trogtales ein großer Diabas-Bruch betrieben, der das Bild der Landschaft tiefgreifend – nicht zu ihrem Vorteil – verändert hat. Goethe blieb dieser Anblick erspart. Sein Weg führte – nun als Schachtholzweg bezeichnet – über den Spitzenberg an die Westseite der Baste, bis an die Lerchenköpfe heran, wo er heute die Bundesstraße 4 (Bad Harzburg-Torfhaus) kreuzt, und erreichte über den Osthang der Lerchenköpfe das Torfhaus.

Das hier im einzelnen beschriebene Teilstück der Alten Straße ist heute im Gelände nur noch an wenigen Stellen deutlich sichtbar, am besten wohl dort, wo es zum Hohlweg geworden ist. Andere Abschnitte erkennt der aufmerksame Wanderer an Resten eines alten Pflasters, an ,,Spuren, die die Wagenachsen an dem harten Gestein hinterlassen haben. Glattge-schabte Schleifspuren zeugen heute noch von dem starken Fahrverkehr auf dieser Waldstraße''[42], die auf manchen Strecken Raum für mehrere Fahr-zeuge nebeneinander bot, dann wieder so eng war, daß sie nur von zwei-rädrigen, halb mit einem Verdeck versehenen Karren befahren werden konnte. Schließlich gibt es heute auch Teilstücke, die durch Morast und Dickicht führen oder – wie im Goslarer Stadtteil Oker – infolge von Wohnungs- und Straßenbau verschwunden sind. Wie aber sah es zur Goe-the-Zeit auf dieser alten Harzstraße aus? ,,Kaum einer der heutigen Harz-reisenden kann die Gefahren und Anstrengungen einer Harzreise in frühe-ren Jahrhunderten ermessen! Und doch gab es auf den Vorläufern unserer modernen Harzstraßen einen regen Verkehr von Fußgängern, Reitern und Frachtfuhrleuten über den Harz hinweg[43].'' Diese benutzten jene beson-deren Karren, die bei hohen Rädern nur eine geringe Spurweite hatten; ge-zogen wurden sie von einem, zwei, drei oder – an Steilstellen am Aden-berg – noch mehr Pferden, die jedoch nicht nebeneinander, sondern hin-tereinander eingespannt waren.

Ob Goethe, nachdem er mit seiner Begleitung wohlbehalten die ihm ver-traute Försterei Torfhaus erreicht hatte, entsprechend dem Rat von Trebras wieder den Förster Degen zum Führer auf dem Weg nach dem Brocken nahm oder ob er den später nach ihm benannten Pfad bei dieser dritten

---

42 u. 43 Schmidt, Auf einer uralten Harzstraße von Oker nach Torfhaus, S. 128 f.

Besteigung des Berges selbst fand, ist nicht zu ermitteln. Das *Geognostische Tagebuch* erwähnt auf der Strecke Torfhaus-Brocken lediglich den Quitschen(= Ebereschen)-Berg, über den der Goetheweg führt, und die Ecker, deren Quelle, den Eckersprung, er überquerte.

Auf dem Brockengipfel zeichnete Kraus Teufelskanzel und Hexenaltar. Wie im Vorjahr übernachtete Goethe mit seinem Begleiter auf der Heinrichshöhe, wo beide sich am nächsten Morgen in das Gästebuch eintrugen:

1784 den 4. September.   Goethe

Quis coelum posset nisi coeli munere nosse.
Et reperire Deum, nisi qui pars ipse Deorum est?

G. M. Kraus.

Die Hexameter sind dem 2. Buch einer fünfbändigen Astronomie und Astrologie des Marcus Manilius, eines römischen Dichters des ersten nachchristlichen Jahrhunderts, entnommen. Goethe hat sie mehrfach übertragen, zum Beispiel in der Einleitung zu seinem Entwurf einer Farbenlehre:

Wär' nicht das Auge sonnenhaft,
Wie könnten wir das Licht erblicken?
Lebt' nicht in uns des Gottes eigne Kraft,
Wie könnt' uns Göttliches entzücken?

Im östlichen Harz

Am 4. September stiegen Goethe und Kraus, nachdem sie gewiß zuvor noch einmal den nahen Brockengipfel besucht hatten, von der Heinrichshöhe vermutlich nach dem Brockenbett hinunter, wo die Ilse entspringt, und erreichten auf dem Glashüttenweg, den Goethe vom Vorjahr her kannte, Schierke. Bevor sie dort ankamen, besichtigten sie die Klippen des Ahrensklintes[44], die Goethe erneut wertvolles Anschauungsmaterial für seine Studien des Granits boten, während Kraus sie zeichnete. Nicht anders war es am folgenden Morgen angesichts der Schnarcherklippen am Barenberge südlich von Schierke, die die Magnetnadel ablenken; das beobachtete Goethe auch ,,zwischen zwei Granitklippen auf den Feuer-

---

44 Goethes Schreibweise wechselt: im *Geognostischen Tagebuch* ,,Arendsberger Klippen'', im Verzeichnis der Zeichnungen von Kraus, dessen Namen er gern ein e anhängte, ,,Arendsklint''.

steinen'', in deren Nähe jetzt der Bahnhof Schierke liegt.

Ihm war die Gegend wohl vertraut, und er erinnerte sich gewiß, während er Kraus in dieser Urharzer Landschaft zwischen Schierke und Elend umherführte und ihm seine Wünsche bezüglich der zu zeichnenden geologischen Besonderheiten mitteilte, an die Brockenwanderung mit dem Freunde von Trebra und ihre gemeinsamen Studien hier im ,,Elendstal'' 1783.

Doch während beide damals nach Zellerfeld geritten waren, führte nun der Weg nach Osten, und zwar das Bodetal abwärts über Mandelholz, wo heute eine Vorsperre des Rappbodesystems das Wasser der Kalten Bode und der Wormke staut, nach Königshof, seit der Zusammenlegung mit dem benachbarten Rothehütte (1936) Königshütte genannt. Dort vereinigen sich die Kalte und die aus Braunlage kommende Warme Bode. Der ursprüngliche Ortsname geht auf den erstmals 935 erwähnten königlichen Jagdhof Bodfeld zurück, wo Kaiser Heinrich III. 1056 starb. Im Ort gibt es seit dem Ende des 14. Jahrhunderts Eisenindustrie. Das Erz wurde in zahlreichen Eisengruben auf der großen Hochebene östlich des Brockens, besonders im Raum Elbingerode, gewonnen. Noch heute setzt eine Eisengießerei die Tradition fort.

Diesem Eisensteinrevier galt am 5. und 6. September Goethes ganze Aufmerksamkeit. Ihm ,,gelang hier eine die Eigenheiten der dortigen Erzvorkommen vorzüglich kennzeichnende Kurzbeschreibung, in der die lagerstättenkundlichen und mineralogischen Gegebenheiten ebensowenig fehlen wie die örtlichen Besonderheiten aus bergbaulicher und hüttentechnischer Sicht[45].'' Die Darstellung im *Geognostischen Tagebuch* ist in der Tat derart sachlich und fachmännisch, daß sie für den Laien kaum verständlich und nicht gerade fesselnd zu lesen ist. Sie kann deshalb hier fehlen.

Allerdings sollte ein Absatz des weiter unten folgenden Briefes an Herder vom 6. September nicht übersehen werden. Er verrät, daß selbst Goethe nach sechs Tagen geologischer und mineralogischer Forschungsarbeit in dem schwierigen Gelände nahe am Brocken seiner recht einseitigen Tätigkeit überdrüssig zu werden begann: sie fing fast an, ihn zu langweilen, eine gewisse Abgestumpftheit trat an die Stelle der früheren Aufgeschlossenheit; er wußte kaum noch, was er gesehen hatte, und was er behielt, schrieb er weniger aus Neigung als aus Pflichtgefühl in sein *Geognostisches Tagebuch*. Hier zeigt sich wieder einmal, daß er gern ab und zu das Gebiet sei-

---

45 Laub, Zu Goethes Bergbaustudien im Harz, S. 210.

ner vielseitigen naturwissenschaftlichen Bemühungen wechselte. Wir erinnern uns in diesem Zusammenhang, daß er ein Vierteljahr zuvor noch in Eisenach jede freie Minute dazu benutzt hatte, den Elefantenschädel des Professors Sömmering nicht minder gründlich zu studieren als jetzt die Erzvorkommen und ihren Eisengehalt im Raum Elbingerode.

Der Vollständigkeit wegen seien die namentlich bekannten Bergwerke aufgeführt, die Goethe und Kraus aufsuchten: die Gruben Kronprinz und Bomshai, den nördlich von Elbingerode gelegenen Büchenberg, wo noch bis 1970 Eisenerz und Magnesit abgebaut wurden. Auch hier sah Goethe das Feuersetzen. Schließlich untersuchte er alte, trichterförmig eingestürzte Gruben am Gräfenhagensberg.

In Elbingerode hatte sich Goethe bereits im Verlauf der ersten Harzreise einquartiert. Wieder übernachtete er hier zwei Mal; wieder schrieb er – und erinnerte sich selbst daran – Charlotte einen Brief, übrigens den einzigen von den Tagen im östlichen Harz:

d. 6. Sept. 84

Von den Fesseln des Hofs entbunden, in der Freiheit der Berge, bei dem schönsten Wetter noch ein Wort zu Dir.
Der Herzog hatte einen unüberwindlichen Trieb nach Dessau, ging und ließ mich mit Krausen von Goslar aus allein auf den Harz zurückziehen. Wir beide haben dann, uns selbst überlassen, der herrlichsten Tage recht genossen, sind auf dem Brocken gewesen, haben alle Felsen der Gegend angeklopft, immer begleitet von dem hellsten Himmel.
Wie Deine Liebe mir nah ist, mag ich nicht sagen. Vor sieben Jahren schrieb ich Dir auch von hier. Nach und nach komm ich wieder dahin, wo ich schon Deiner gedacht, mich mit Dir unterhalten hatte.
Ich hoffe, den 15. in Weimar zu sein. Wäre es möglich, Dich zu sehen!
Lebe wohl, Lotte! Morgen geht es nach dem Roßtrapp. Krause hat ganz köstliche Dinge gezeichnet. Lebe tausendmal wohl!

Mit derselben Post ging auch ein Brief an Herder ab:

d. 6. Sept. 84

Eh ich die Berge verlasse, muß ich Dir noch einen Gruß zuschicken, es geht heute abend eine Post von hier, und die soll Dir ihn bringen. Nachdem ich bei Hofe meine Person auf Unkosten meines Magens ganz leidlich durchgebracht, bin ich wieder in die Freiheit der Wälder versetzt worden, wo ich mich nun schon seit dem ersten ergehe. Der

Georg Melchior Kraus · Granitfelsen im Bodetal

Johann Wolfgang Goethe · Brockenszene zum Faust

Herzog ist nicht mit herauf, sondern nach Dessau. Krause ist also mit mir alleine, und wir sind den ganzen Tag unter freiem Himmel, hämmern und zeichnen. Ihr werdet Freude haben an dem, was ich mitbringe. Wir haben gewiß die größten und bedeutendsten Gegenstände ausgesucht. Die Tage sind herrlich. Eine große Last Steine bringe ich geschleppt. Die kleinsten Abweichungen und Schattierungen, die eine Gesteinsart der anderen näher bringen und die das Kreuz der Systematiker und Sammler sind, weil sie nicht wissen, wohin sie sie legen sollen, habe ich sorgfältig aufgesucht und habe sie durch Glück gefunden. Es wird Dir gewiß angenehm sein, sie zu sehen, und ich habe alsdann wenig darüber zu sagen.

Manchmal wird mir es ein wenig sauer, auf diese einzige Idee auszugehen; man wird zuletzt stumpf und weiß kaum mehr, was man sieht, und eh ich mich's versehe, vergesse ich bei einem Gegenstand das Notwendigste. Indessen da mich diese Materie fast zu ennuyieren anfängt, tue ich mein Mögliches, denn stecken kann ich's nicht lassen. Deswegen schreib' ich auch so viel wie möglich auf.

Morgen und übermorgen geht's an der Bode hinunter. Wir werden an den Fall gelangen, wo dieses Flüßchen hinter dem Roßtrapp hinabstürzt. Zwischen diesen Felsen hoff' ich noch viel für meine Spekulation, es ist ein Durchschnitt, der sehr lehrreich ist.

Ich gedenke Eurer Liebe oft... und wollte, ich könnte Euch nur viel Freude bringen.

Lebet wohl, ich seh' Euch nun balde.

Am 7. September beschäftigten sich Goethe und Kraus weiter ausschließlich mit geologischen und mineralogischen Studien, und zwar durchwanderten sie das Bodetal von der Bodeschleife nahe der Susenburg, die Goethe im *Geognostischen Tagebuch* erwähnt, bis Wendefurt, heute am Fuß der Staumauer der Bodetalsperre gelegen. Bei der genauen mineralogischen Beschreibung der südlich von Elbingerode befindlichen Bodewindungen wird die Susenburg mehrfach von Goethe erwähnt, doch dürfte der westlich davon gelegene Susenberg gemeint sein. Von der nach ihm benannten Burg, vermutlich einer Fliehburg, waren nämlich schon Anfang des 18. Jahrhunderts außer einigen Wällen und Gräben nur geringe Spuren von Mauerresten vorhanden. Der Name der Anlage findet sich im ersten bekannten Industriebetrieb Elbingerodes, dem Susenburger Eisenhammer (1540), und einer modernen Wohnsiedlung der Gemeinde Rübeland wieder.

Bodeabwärts erwähnt Goethe noch Neuwerk, heute ein Ortsteil von Rübeland, und Wendefurt, zur Goethezeit allein bedeutend als wichtiger Flußübergang im Zuge der Straße Halberstadt – Nordhausen. Hier übernachteten die beiden Weimarer Reisenden.

Über die beobachteten Gesteinsarten des Bodetals zwischen Wendefurt und Thale, wo der Fluß den Harz verläßt – diese Strecke durchwanderten Goethe und Kraus am 8. September – wird im *Geognostischen Tagebuch* besonders ausführlich berichtet, und Kraus hat eine Anzahl Zeichnungen in diesem Abschnitt angefertigt. An Örtlichkeiten erwähnt Goethe die Ludwigshütte bei Altenbrak sowie das damals von Berg- und Hüttenleuten, Mühlen- und Schmiedeknechten bewohnte Dorf Treseburg.

Das Bodetal, das südwestlich von Thale, zwischen Roßtrappe und Hexentanzplatz am engsten ist, hatte Goethe bereits 1783 mit Fritz von Stein kennengelernt. Damals war der Dichter besonders von der landschaftlichen Schönheit begeistert gewesen. Jetzt, ein Jahr später, sah er es mit den Augen des Geologen und war nicht minder angetan von dem, was sich nun an Besonderem dem Naturforscher darbot.

Es wäre wohl nicht recht angebracht, Goethes fachspezifische Aufzeichnungen im einzelnen wiederzugeben, doch ist es reizvoll, die Beschreibung der schönsten Partien des Bodetals aus einem Reiseführer unserer Zeit heranzuziehen, wobei der Verfasser in umgekehrter Richtung, von Thale her, vorgeht: ,,Das Tal verengt sich; Brücken waren notwendig, um den Weg durch die Schlucht leiten zu können[46]. Hinter der großen Biegung führt rechts die ,Schurre', ein alter Wanderweg, steil zur Roßtrappe hinauf. An den Felswänden sind Auswaschkehlen und Strudeltöpfe zu sehen. Hinter der Teufelsbrücke liegt der Bodekessel, umgeben von 200 Meter hohen Granitfelsen. Dort stürzt die Bode schäumend durch die Felsenge in den fünf Meter tiefen Felsenkessel... Man durchwandert die Kontaktzone (Hornfels), trifft auf Wissenbacher Schiefer und überschreitet dreimal den Quarzporphyr des Bodeganges... Am Weg stehen alte knorrige Eiben[47].''

Wo der schroffe Siebenbrüderfelsen, den Kraus zeichnete, den Lauf der Bode zu einer Windung zwingt, wurde am 28. August 1949, dem 200. Ge-

---

46 Dieser Weg mit den Brücken wurde erst einige Jahrzehnte nach Goethes letztem Aufenthalt im Bodetal gebaut. Zuvor mußte man durch die engsten Stellen des Tales – mitunter bis zu den Schultern im Wasser – im Flußbett wandern.
47 Brockhaus, Der Harz, S. 383.

burtstag Goethes, ein Relief des Dichters enthüllt und der Siebenbrüderfelsen in Goethefelsen umbenannt.
Wenige Schritte talaufwärts fällt mitten im Flußbett eine sehr große Granitplatte auf. Hier sollen Goethe und Fritz von Stein am 11. September
1783 zu Mittag gegessen haben. Der Felsbrocken erhielt den Namen
Goethestein.
Welche Wege die beiden Weimarer Reisenden am Ende ihrer Harzreise
nahmen, läßt sich nicht mit Sicherheit sagen; ihre Spur ist vom Siebenbrüderfelsen an nur noch in einzelnen Abschnitten einigermaßen deutlich zu
erkennen. Sind Goethe und Kraus am Abend des 8. September in Thale
geblieben oder noch bis Langenstein gekommen[48]?
Spätestens hier stellt sich die Frage, auf welche Weise sie überhaupt die
Strecke von Goslar über den Brocken bis Thale bewältigt haben. Im westlichen Harz und für den Besuch in Braunschweig standen Reisewagen zur
Verfügung, aber dann? Der Zeichenschuldirektor Kraus war damals 51 Jahre alt und stand nach der Lebenserwartung der damaligen Zeit schon nahe
der Schwelle des Greisenalters. Fahrzeuge der Art, wie sie die Reisegesellschaft von Weimar über Clausthal-Zellerfeld nach Braunschweig benutzte,
waren zwischen Oker und Thale nicht brauchbar. Reiten konnte man bis
Torfhaus und dann wohl wieder von Schierke bis Treseburg. Da aber das
Beobachten und Zeichnen geologisch interessanter Objekte zumeist abseits
der ohnehin mindestens teilweise schlechten Wege erfolgte, mußte man
die Pferde von Bediensteten streckenweise führen lassen. Auf ihrem
Rücken war allenfals das notwendigste Gepäck zu befördern. Nun brauchte
Kraus darüber hinaus Zeichengerät, Goethe hatte ,,eine große Last Steine''
gesammelt, die es nach Weimar zu transportieren galt. Wie geschah das im
Harz und wie weiter? Denkbar ist, daß der Stallmeister von Stein vor seiner
Rückreise nach Weimar oder Goethe selbst einen Wagen von Goslar am
Nordrand des Harzes entlang nach Thale oder gleich nach Langenstein zum
Schloß der Branconi beordert hatte. Spätestens dort brauchten Goethe und
Kraus ein Fahrzeug für die Heimfahrt nach der Residenz an der Ilm, denn
zu Pferde konnte sie unter den gegebenen Umständen nicht erfolgen. Mit
der Post zu fahren, entsprach nicht Goethes Gewohnheit.
Da Goethe außer dem Geognostischen kein Tagebuch führte und während
der dritten Harzreise nur wenige Briefe schrieb, sind wir über deren Verlauf

---

48 Wilhelm Bode nimmt an, daß Goethe am 9. und 10. September zum letztenmal in Langenstein war (In: Frau v. Branconi, S. 51).

sehr viel mehr als bei den ersten beiden auf Vermutungen angewiesen, die nicht ausschließen, daß vieles im einzelnen ganz anders, als hier geschildert, vor sich gegangen ist.

So ist auch nicht bekannt, wie Goethe und Kraus den 9. September verbrachten. Das *Geognostische Tagebuch* sagt darüber nichts aus. Nach den vorausgegangenen Anstrengungen ist ein Ruhetag nicht auszuschließen — vielleicht in Thale?

Über den 10. September gibt das *Geognostische Tagebuch* nur unklare Auskunft. Goethe und Kraus besichtigten an diesem Tage ,,freistehende Klippen'', deren Namen nicht genannt werden, ,,übriggebliebene Wände eines Sandsteingebirges''; es kann sich um die eindrucksvolle Teufelsmauer zwischen Thale und Neinstedt gehandelt haben — Kraus hat sie gezeichnet —, aber auch um andere Sandsteinfelsen der Höhenzüge nördlich von Thale.

Am nächsten Tage, dem 11. September, morgens gegen neun Uhr, brachen die Reisenden bereits wieder auf, und zwar ,,der Bode nach''. Sie wandten dem Durchbruch des Flusses unterhalb von Roßtrappe und Hexentanzplatz erneut ihre ganze Aufmerksamkeit zu. Dann wird ein ,,Sandgebirge'' erwähnt, ,,dessen wunderbare Gestalten'' nach F. Dennerts Ansicht wiederum auf die Teufelsmauer, nun aber auf ihren westlichen Teil bei Timmenrode schließen lassen.

Von dort nahmen Goethe und Kraus, Blankenburg und den südlich der Stadt gelegenen Ziegenkopf rechts liegen lassend, den ,,Wiesenabstieg ins Rübeland''. Der dort anstehende Kalk und die Marmormühle, die Goethe 1777 nicht erwähnt hatte, wurden nun im *Geognostischen Tagebuch* ebenso notiert wie das Eisenerz, nach dem man bei Rübeland schürfte. Auch die Baumannshöhle, die den Dichter während der ersten Harzreise so tief beeindruckt hatte, vergaß der Geologe Goethe 1784 nicht. Wenn auch Rübeland bereits in den Aufzeichnungen vom 7. September dieses Jahres erscheint, so offenbar als Richtungsangabe (,,gegen dem Rübeland''), und es ist nicht anzunehmen, daß Goethe und Kraus die Höhle und den Ort schon an diesem Tage besucht hatten. Dies geschah gewiß erst vier Tage später, und nun wird Kraus den Höhleneingang gezeichnet haben.

Von Rübeland dürften die beiden Harzreisenden auf dem kürzesten Wege nach Langenstein geritten oder gefahren sein. Daß der zweitägige Besuch bei Frau von Branconi erst jetzt erfolgte, wie F. Dennert annimmt, ist wahrscheinlicher als Wilhelm Bodes früherer Termin, da Goethe und Kraus von dieser letzten Station vermutlich am 14. September die Rückreise nach Weimar antraten. Dort angekommen, meldete der Dichter der Freundin in Kochberg am 16. September seine Ankunft und fügte hinzu:

In Langenstein war ich zwei Tage, länger konnt' ich nicht bleiben.

Was war diesem Besuch der „schönen Frau" vorausgegangen? Zwischen der zweiten und dritten Harzreise war Goethes Verhalten gegenüber Frau von Branconi reservierter als früher, jedoch nicht gleichgültig. Sie hatte ihm brieflich ein Wiedersehen im Mai 1784 vorgeschlagen, denn sie beabsichtigte, dann von der Schweiz nach ihrem Gut Langenstein zu reisen, aber Goethe winkte sozusagen mit Vorbehalt ab, indem er aus Weimar zurückschrieb:

Die Landstände, die sonst Fürsten und Ministern auf mehr als eine Weise beschwerlich sind, kommen auch mir immer in den Weg, wenn die Rede (davon) ist, eine anmutige Reise zu machen, guten Freunden zu begegnen.

Anfang Juni ist Ausschußtag in Eisenach, und ich habe bis dahin alle Hände hier voll zu tun; in der Hälfte Mai kann ich leider nicht abkommen. Gingen Sie später, so wäre eher Hoffnung vorhanden, ob ich gleich die Mittel noch nicht recht sehe. Auf alle Fälle geben Sie mir von der Zeit, wenn sie heranrückt, bestimmtere Nachricht und welchen Weg Sie allenfalls nehmen könnten, um dem Kreise, in den ich gebannt bin, näher zu rücken.

. . . .

Leben Sie wohl und genießen jedes guten Tages so sehr, als ich Ihnen das Beste wünsche.

Tausendmal Adieu und bitte um nähere Nachricht Ihrer Reise.

Vermutlich erfüllte die Branconi Goethes Wunsch, denn sie erhielt Ende Mai einen weiteren Brief von ihm:

Wenigstens empfängt Sie ein Brief unter den Felsen von Langenstein, denn es ist doch am sichersten, daß ich dahin diese Zeilen anweise.

. . . .

Wie gern hätte ich Ihnen auf irgendeinem Wege aufgelauert! Die Notwendigkeit hielt mich zurück; ich bin zu ganz anderen Dingen bestellt. Lassen Sie mich hören, wie lange Sie bleiben und in welche Pläne Ihr Jahr geteilt ist!

. . . .

Auch dieser Brief dürfte nicht unbeantwortet geblieben sein, und der Wunsch, einander wiederzusehen, bestand auf beiden Seiten. Die Gelegenheit dazu bot endlich die Dienstreise nach Braunschweig, und so kam es im September 1784 zur erneuten Begegnung.

Wie dieser Aufenthalt im Langensteiner Schlößchen verlief, läßt sich nicht sagen. Johann Wolfgang von Goethe und Maria Antonia von Branconi sahen sich in diesen Spätsommertagen zum letzten Mal. Soviel wir wissen, wechselten sie auch keine Briefe mehr. Zu dieser Entwicklung mögen – außer mancherlei anderem – auch die folgenden wenig glücklichen Lebensumstände der klugen, begehrenswerten Frau beigetragen haben[49]. So endete die dritte Harzreise für Goethe wohl in Moll. Der Mond – Maria Antonia – war für immer untergegangen, die Sonne – Charlotte – strahlte allein an Goethes Himmel und verlieh ihm, nachdem der nur noch matte, aber verwirrende Schein des blasseren Himmelskörpers am Horizont verschwunden war, ein gleichmäßig ruhiges, erhabenes Licht – bis auch dieses ein Jahr später zu erlöschen begann[50].

Ruhe und Erhabenheit strahlten auch Gehalt und Gestalt der *Zueignung* aus. Allerdings war Goethe mit dem Gedicht während der dritten Harzreise nicht recht vorangekommen. Intensiver als 1777 und 1783 hatte er sich geologischen und mineralogischen Studien gewidmet und überdies noch Zeit gefunden, aus betriebswirtschaftlichem Interesse Bergwerke und Hütten des Harzes zu besichtigen.

Einige Sätze aus Briefen Goethes, die er nach der Rückkehr aus dem Harz schrieb, mögen abschließend zeigen, worin er den Ertrag der letzten Harz-

49 Ihr weiterhin bewegtes Leben verlief in den nächsten Jahren wenig glücklich. Depressionen und Krankheiten machten ihr zu schaffen. Immer seltener besuchte sie ihren schönen Besitz am Harz. Auch an anderen Orten Westeuropas blieb sie nicht länger. In der Schweiz erwarb sie ein kleines Gut, verkaufte es aber bald wieder, um erneut umzuziehen. Der ständige Begleiter ihrer letzten Lebensjahre war ein junger Offizier, aber auch mit ihm, dem Vater ihres Sohnes Jules, fand sie die Ruhe nicht. Neun Jahre nach der letzten Begegnung mit Goethe starb die ,,schöne Frau" in Italien.

50 Zu diesem Bild s. S. 12. – Im August 1785 wurde der Stallmeister v. Stein, nunmehr 50 J. alt, von der Verpflichtung befreit, an der Hoftafel teilzunahmen, und verbrachte infolgedessen sehr viel mehr Zeit zu Hause, so daß Goethe und Charlotte kaum noch allein sein konnten. Goethe litt seelisch und erkrankte wie in vergleichbaren Situationen früherer Jahre. 1785 fuhr er daher erstmals zur Kur nach Karlsbad. Beim zweiten Aufenthalt dort, ein Jahr später, reiste er heimlich nach Italien ab; auch der Freundin nannte er sein Reiseziel nicht. Sie brach daraufhin mit Goethe. Erst neun Jahre später sollte es zu einer neuen Annäherung beider kommen.

reise sah.

An den Staatsminister J. F. von Fritsch   29. Sept. 1784

Auf dem Harze hab' ich, indem ich meiner Liebhaberei nachging, sehr angenehme Tage gehabt und meine Kenntnisse... um vieles erweitert. Es wird Ew. Exzellenz schon bekannt sein, daß Durchl., der Herzog, nicht, wie er sich vorgenommen, seinen Rückweg über den Harz genommen, sondern gleich von Goslar aus nach Besehung des Rammelsberges ganz allein, nur vom Hofjäger begleitet[51], nach Dessau gefahren ist...

An Julie von Bechtolsheim   2. Okt. 1784

Ich bin von Braunschweig wieder zurück... Die Lebhaftigkeit des Braunschweiger Hofes während der Messe hat mich sehr unterhalten, noch mehr aber der einsame Harz, dem ich recht mit voller Erlaubnis habe vierzehn ganze Tage widmen können. Und die Menschen behaupten, ich sei nun ganz und gar versteinert zurückgekehrt...

An Johann Heinrich Merck   2. Dez. 1784

In Mineralogicis habe ich diesmal wieder auf dem Harze und Thüringer Wald viel gesammelt. Vom Harze werde ich nun balde die wichtigste Suite beisammen haben, die existieren kann; von Gebirgsarten versteht sich, denn nach reichen und kostbaren Stufen lasse ich mich nicht gelüsten, es ist mir auch zu dem, was ich vorhabe, wenig an Kostbarkeiten gelegen...

Ich habe diesmal Krausen mit auf dem Harze gehabt, und er hat mir alle Felsarten nicht malerisch, sondern wie sie dem Mineralogen interessant sind, gezeichnet. Es kann diese Sammlung, wenn wir sie in der Folge fortsetzen, sehr schön und vollständig werden...

An den Herzog Ernst II. von Sachsen-Gotha   20. Dez. 1784

Es kommt mir ... selbst wunderbar vor, wie ich nach und nach, ohne es gleichsam selbst zu bemerken, in dem Stein- und Gebeinreiche ansässig geworden bin. Es hängt in natürlichen Dingen alles so nah zusammen, daß, wenn man sich einmal eingelassen hat, man vom Strome immer weiter und weiter geführt wird...

---

51 Aus Goethes Braunschweiger Brief v. 29. August, 4. Abs. (s. S. 118 f.) kann man schließen, daß der Stallmeister v. Stein zwei Tage früher als der Herzog und Goethe von Braunschweig direkt nach Weimar gereist ist.

Nachwort zu den drei Harzreisen

Will man die drei Harzreisen Goethes, deren Verlauf wir im einzelnen darzustellen suchten, jeweils mit einem Wort charakterisieren, so kann man die erste als die empfindsamste, die zweite als die gelösteste und die dritte als die sachlichste bezeichnen.

Eine vierte Harzreise des Dichters, die zuweilen in der einschlägigen Literatur erwähnt oder beschrieben wird, hat es nicht gegeben. Die Autoren, unter ihnen auch F. Dennert, bezeichnen als solche die letzten vier Tage einer zwölftägigen Reise nach Helmstedt im Braunschweigischen, die Goethe vom 14. bis 25. August 1805 mit seinem damals fünfzehnjährigen Sohn August und dem Philologen F. A. Wolf unternahm. Bei näherer Betrachtung zeigt sich aber, daß die drei Reisenden im Harz nur einen der vier Tage, nämlich den 14. August, verbrachten. Der Besuch beim ,,tollen Hagen'', einem ,,höchst wunderlichen Edelmann'', wie Goethe ihn in den *Annalen* bezeichnet, auf dessen Rittergut Haus Nienburg am 12. und 13. August kann ebensowenig als Harzaufenthalt angesehen werden wie das anschließende kurze Verweilen in Halberstadt, das der Erinnerung an den zwei Jahre zuvor verstorbenen Gleim galt; Haus Nienburg liegt nämlich 32 km und Halberstadt 12 km vom Harzrand entfernt im nördlichen Vorland des Gebirges.

Vermutlich erst in Halberstadt entschlossen sich Goethe und Wolf, vor der Heimfahrt noch einen Abstecher ins Bodetal zu unternehmen, denn es findet sich kein Hinweis, daß der Harzausflug geplant war. Gewiß wollte der Dichter seinem Sohn und dem Freunde den Durchbruch des Flusses zwischen Hexentanzplatz und Roßtrappe zeigen und sich selbst erneut an diesem imposanten Anblick erfreuen, der ihn bereits 1783 und 1784 tief beeindruckt hatte. Zuvor hatte die kleine Reisegesellschaft den seit 1686 bestehenden Thaler Eisenhammer besichtigt, der sich zu einem der größten Industriebetriebe des Harzes (1971: 7500 Beschäftigte) entwickeln sollte. Den Abschluß dieses einzigen Tages im Harz bildeten der Aufstieg zur Roßtrappe und der Rückweg nach Thale.

In den *Tag- und Jahresheften* hat Goethe 20 Jahre später die Reise nach Helmstedt beschrieben; sie nimmt ,,durch ihre ausführliche und kunstvolle Behandlung einen hervorragenden Platz ein''[1], umfaßt sie doch in der

---

1 Matthes, Goethes Reise nach Helmstedt und seine Begegnung mit Gottfried Beireis, S. 127.

Jubiläumsausgabe rund 40 Seiten, aber der Tag im Harz wird nur mit drei Zeilen erwähnt:

> Wir suchten das Bodetal (auf) und den längst bekannten Hammer; von hier ging ich, nun zum dritten Male in meinem Leben, das von Granitfelsen eingeschlossene rauschende Wasser hinan...

Auch diese im Vergleich zur Darstellung der gesamten Reise überaus knappe Formulierung Goethes, die den Harz nicht einmal namentlich nennt, macht deutlich, daß es sich bei der Unternehmung im Sommer 1805 nicht um eine Harzreise gehandelt hat.

Am 15. August, dem folgenden letzten Reisetag, fuhren Goethe und seine beiden Begleiter von Thale aus am nördlichen Harzrand entlang über Suderode, das damals noch kein Badeort war, nach Gernrode, einer Gründung des Markgrafen Gero (+ 965). Vom Stubenberg aus, wo der junge, noch unbekannte Eichendorff knapp vier Wochen später, in umgekehrter Richtung wandernd, in dem gleichnamigen Gasthaus übernachtete, genossen die drei prominenten Reisenden gewiß ,,die Aussicht ... in das waldumschlossene stille Hagental und auf das Hügelgelände um Quedlinburg mit etwa 40 Ortschaften; auch die Gegensteine, mit denen die Teufelsmauer nach langer Unterbrechung wirksam abschließt, reihen sich malerisch in das Bild ein[2].'' Vielleicht wußte Goethe auch, daß Gleim hier auf dem Stubenberg einmal ein Schriftstellertreffen veranstalten wollte, das er nicht gerade bescheiden als ,,Geniekongreß'' bezeichnete...

Von Gernrode ging es sechs Kilometer weiter in östlicher Richtung nach Ballenstedt, dem Heimatort der Uta von Naumburg und Albrechts des Bären. Hier nahm Goethe – wohl ohne es zu ahnen – endgültig Abschied vom Harz; er hat ihn nie wieder betreten. Man reiste weiter über Aschersleben und Könnern nach Halle zurück, wo die Reise begonnen hatte. Goethe begab sich von dort nach dem nahen Lauchstädt und schließlich nach Weimar.

*   *   *

Friedrich Dennert hat in seinem Buch über Goethes Harzreisen einen Abschnitt *Reiseerinnerungen* aufgenommen; darin hat er ein gutes Dutzend Zitate – weitere ließen sich finden – aus Tagebüchern, Briefen und Ge-

---

2 Günther, Der Harz, S. 118.

sprächen zusammengestellt, die nachweisen sollen, ,,wie der Dichter bis in sein hohes Alter von seinen Harzerinnerungen zehrte, wie sie ihm selber etwas waren, aus dem sein denkender und forschender Geist immer wieder wie aus einem kostbaren Schatze schöpfte[3]''. Alle diese Äußerungen sind aber im Grunde recht belanglos. Bei der auf den ersten Blick eindrucksvollsten Stelle, die einem Gespräch Goethes mit Eckermann vom 26. September 1827 entnommen ist – beide erfreuten sich auf dem Ettersberg bei Weimar an der weiten Aussicht – , darf nicht übersehen werden, daß nicht Goethe, sondern Eckermann ,,die blauen Harzgebirge'' am Horizont bemerkte.

Daß Goethes spätere Erwähnungen des Harzes wenig aussagestark sind, schmälert freilich keineswegs die Bedeutung der drei Harzreisen. Ihnen verdankt der Poet tiefe und vielseitige Erlebnisse, der Naturforscher grundlegende Erkenntnisse; jene finden sich – umgesetzt – im dichterischen Werk und sind – wie die *Walpurgisnacht* im ersten Teil des *Faust* – weltbekannt geworden, diese sind in den naturwissenschaftlichen Schriften, vor allem in denen zur Geologie und Mineralogie, von besonderem Wert.

Alles in allem ist der literarische Ertrag der Harzreisen schwer zu ermessen, zumal wenn man berücksichtigt, daß die Ansichten darüber sehr weit auseinandergehen, wo überall Goethe Eindrücke der Harzreisen belletristisch oder wissenschaftlich gestaltet hat. Daß dies nicht nur der Fall ist, wo der Harz oder dort gelegene einzelne Orte namentlich genannt werden, versteht sich von selbst; andrerseits sollte man nicht so weit gehen, in jeder nicht lokalisierten Gebirgsschilderung den Harz, in jedem rauschenden Gebirgsbach die Bode zu vermuten.

Der in diesem Buch noch verfügbare Raum zwingt zur Begrenzung, so daß im folgenden der literarische Ertrag der Harzreisen nur in einer Auswahl des Wichtigsten vorgestellt werden kann.

3 Friedrich Dennert, Goethe und der Harz, S. 11.

V

Aus dem literarischen Ertrag der Harzreisen

HARZREISE IM WINTER

Dem Geier gleich,
Der auf schweren Morgenwolken
Mit sanftem Fittich ruhend
Nach Beute schaut,
Schwebe mein Lied.

Denn ein Gott hat
Jedem seine Bahn
Vorgezeichnet,
Die der Glückliche
Rasch zum freudigen
Ziele rennt:
Wem aber Unglück
Das Herz zusammenzog,
Er sträubt vergebens
Sich gegen die Schranken
Des ehernen Fadens,
Den die doch bittre Schere
Nur einmal löst.

In Dickichts-Schauer
Drängt sich das rauhe Wild,
Und mit den Sperlingen
Haben längst die Reichen
In ihre Sümpfe sich gesenkt.

Leicht ists folgen dem Wagen,
Den Fortuna führt,
Wie der gemächliche Troß
Auf gebesserten Wegen
Hinter des Fürsten Einzug.

Aber abseits wer ists?
Ins Gebüsch verliert sich sein Pfad,
Hinter ihm schlagen

Die Sträuche zusammen,
Das Gras steht wieder auf,
Die Öde verschlingt ihn.

Ach, wer heilet die Schmerzen
Des, dem Balsam zu Gift ward?
Der sich Menschenhaß
Aus der Fülle der Liebe trank?
Erst verachtet, nun ein Verächter,
Zehrt er heimlich auf
Seinen eignen Wert
In ungnügender Selbstsucht.

Ist auf deinem Psalter,
Vater der Liebe, ein Ton
Seinem Ohre vernehmlich,
So erquicke sein Herz!
Öffne den umwölkten Blick
Über die tausend Quellen
Neben dem Durstenden
In der Wüste.

Der du der Freuden viel schaffst,
Jedem ein überfließend Maß,
Segne die Brüder der Jagd
Auf der Fährte des Wilds
Mit jugendlichem Übermut
Fröhlicher Mordsucht,
Späte Rächer des Unbills,
Dem schon Jahre vergeblich
Wehrt mit Knütteln der Bauer.

Aber den Einsamen hüll
In deine Goldwolken!
Umgib mit Wintergrün,
Bis die Rose wieder heranreift,
Die feuchten Haare,
O Liebe, deines Dichters!

Mit der dämmernden Fackel

Leuchtest du ihm
Durch die Furten bei Nacht,
Über grundlose Wege
Auf öden Gefilden;
Mit dem tausendfarbigen Morgen
Lachst du ins Herz ihm;
Mit dem beizenden Sturm
Trägst du ihn hoch empor;
Winterströme stürzen vom Felsen
In seine Psalmen,
Und Altar des lieblichsten Danks
Wird ihm des gefürchteten Gipfels
Schneebehangner Scheitel,
Den mit Geisterreihen
Kränzten ahnende Völker.

Du stehst mit unerforschtem Busen
Geheimnisvoll offenbar
Über der erstaunten Welt
Und schaust aus Wolken
Auf ihre Reiche und Herrlichkeit,
Die du aus den Adern deiner Brüder
Neben dir wässerst.

DIE ERSTE WALPURGISNACHT

Ein Druide

Es lacht der Mai!
Der Wald ist frei
Von Eis und Reifgehänge.
Der Schnee ist fort;
Am grünen Ort
Erschallen Lustgesänge.
Ein reiner Schnee
Liegt auf der Höh;
Doch eilen wir nach oben,

Begehn den alten heilgen Brauch,
Allvater dort zu loben.
Die Flamme lodre durch den Rauch!
So wird das Herz erhoben.

Die Druiden

Die Flamme lodre durch den Rauch!
Begeht den alten heilgen Brauch,
Allvater dort zu loben!
Hinauf! hinauf nach oben!

Einer aus dem Volke

Könnt ihr so verwegen handeln?
Wollt ihr denn zum Tode wandeln?
Kennet ihr nicht die Gesetze
Unsrer harten Überwinder?
Rings gestellt sind ihre Netze
Auf die Heiden, auf die Sünder.
Ach, sie schlachten auf dem Walle
Unsre Weiber, unsre Kinder.
Und wir alle
Nahen uns gewissem Falle.

Chor der Weiber

Auf des Lagers hohem Walle
Schlachten sie schon unsre Kinder.
Ach, die strengen Überwinder!
Und wir alle
Nahen uns gewissem Falle.

Ein Druide

Wer Opfer heut
Zu bringen scheut,
Verdient erst seine Bande.
Der Wald ist frei!
Das Holz herbei,
Und schichtet es zum Brande!
Doch bleiben wir

Im Buschrevier
Am Tage noch im stillen,
Und Männer stellen wir zur Hut
Um eurer Sorge willen.
Dann aber laßt mit frischem Mut
Uns unsre Pflicht erfüllen.

Chor der Wächter

Verteilt euch, wackre Männer, hier
Durch dieses ganze Waldrevier
Und wachet hier im stillen,
Wenn sie die Pflicht erfüllen.

Ein Wächter

Diese dumpfen Pfaffenchristen,
Laßt uns keck sie überlisten!
Mit dem Teufel, den sie fabeln,
Wollen wir sie selbst erschrecken.
Kommt! Mit Zacken und mit Gabeln
Und mit Glut und Klapperstöcken
Lärmen wir bei nächtger Weile
Durch die engen Felsenstrecken.
Kauz und Eule
Heul in unser Rundgeheule!

Chor der Wächter

Kommt mit Zacken und mit Gabeln,
Wie der Teufel, den die fabeln,
Und mit wilden Klapperstöcken
Durch die leeren Felsenstrecken!
Kauz und Eule
Heul in unser Rundgeheule!

Ein Druide

So weit gebracht,
Daß wir bei Nacht
Allvater heimlich singen!
Doch ist es Tag,

Sobald man mag
Ein reines Herz dir bringen.
Du kannst zwar heut,
Und manche Zeit,
Dem Feinde viel erlauben.
Die Flamme reinigt sich vom Rauch:
so reinge unsern Glauben!
Und raubt man uns den alten Brauch,
Dein Licht, wer will es rauben?

Ein christlicher Wächter

Hilf, ach, hilf mir, Kriegsgeselle!
Ach, es kommt die ganze Hölle!
Sieh, wie die verhexten Leiber
Durch und durch von Flamme glühen!
Menschen-Wölf und Drachen-Weiber,
Die im Flug vorüberziehen!
Welch entsetzliches Getöse!
Laßt uns, laßt uns alle fliehen!
Oben flammt und saust der Böse,
Aus dem Boden
Dampfet rings ein Höllen-Broden.

Chor der christlichen Wächter

Schreckliche, verhexte Leiber,
Menschen-Wölf und Drachen-Weiber!
Welch entsetzliches Getöse!
Sieh, da flammt, da zieht der Böse!
Aus dem Boden
Dampfet rings ein Höllen-Broden.

Chor der Druiden

Die Flamme reinigt sich vom Rauch:
So reinge unsern Glauben!
Und raubt man uns den alten Brauch,
Dein Licht, wer kann es rauben!

FAUST
Der Tragödie erster Teil

WALPURGISNACHT

Harzgebirg. Gegend von Schierke und Elend
Faust, Mephistopheles

MEPHISTOPHELES. Verlangst du nicht nach einem Besenstiele?
Ich wünschte mir den allerbesten Bock.
Auf diesem Weg sind wir noch weit vom Ziele.

FAUST. Solang ich mich noch frisch auf meinen Beinen fühle,
Genügt mir dieser Knotenstock.
Was hilfts, daß man den Weg verkürzt!
Im Labyrinth der Täler hinzuschleichen,
Dann diesen Felsen zu ersteigen,
Von dem der Quell sich ewig sprudelnd stürzt,
Das ist die Lust, die solche Pfade würzt!
Der Frühling webt schon in den Birken,
Und selbst die Fichte fühlt ihn schon;
Sollt er nicht auch auf unsre Glieder wirken?

MEPHISTOPHELES. Fürwahr, ich spüre nichts davon!
Mir ist es winterlich im Leibe,
Ich wünschte Schnee und Frost auf meiner Bahn.
Wie traurig steigt die unvollkommne Scheibe
Des roten Monds mit später Glut heran
Und leuchtet schlecht, daß man bei jedem Schritte
Vor einen Baum, vor einen Felsen rennt!
Erlaub, daß ich ein Irrlicht bitte!
Dort seh ich eins, das eben lustig brennt.
Heda, mein Freund! darf ich dich zu uns fordern?
Was willst du so vergebens lodern?
Sei doch so gut und leucht uns da hinauf!

IRRLICHT. Aus Ehrfurcht, hoff ich, soll es mir gelingen,
Mein leichtes Naturell zu zwingen;
Nur zickzack geht gewöhnlich unser Lauf.

MEPHISTOPHELES. Ei! ei! Er denkts den Menschen nachzuahmen.
Geh Er nur grad, ins Teufels Namen!
Sonst blas ich Ihm Sein Flackerleben aus.
IRRLICHT. Ich merke wohl, Ihr seid der Herr vom Haus,
Und will mich gern nach Euch bequemen.
Allein bedenkt: der Berg ist heute zaubertoll,
Und wenn ein Irrlicht Euch die Wege weisen soll,
So müßt Ihrs so genau nicht nehmen.

FAUST, MEPHISTOPHELES, IRRLICHT *im Wechselgesang*
In die Traum- und Zaubersphäre
Sind wir, scheint es, eingegangen.
Führ uns gut und mach dir Ehre,
Daß wir vorwärts bald gelangen
In den weiten, öden Räumen!
Seh die Bäume hinter Bäumen,
Wie sie schnell vorüberrücken,
Und die Klippen, die sich bücken,
Und die langen Felsennasen,
Wie sie schnarchen, wie sie blasen!
Durch die Steine, durch den Rasen
Eilet Bach und Bächlein nieder.
Hör ich Rauschen? hör ich Lieder?
Hör ich holde Liebesklage,
Stimmen jener Himmelstage?
Was wir hoffen, was wir lieben!
Und das Echo, wie die Sage
Alter Zeiten, hallet wider.
,,Uhu! Schuhu!'' tönt es näher:
Kauz und Kiebitz und der Häher,
Sind sie alle wach geblieben?
Sind das Molche durchs Gesträuche?
Lange Beine, dicke Bäuche!
Und die Wurzeln, wie die Schlangen,
Winden sich aus Fels und Sande,
Strecken wunderliche Bande,
Uns zu schrecken, uns zu fangen:

150

Aus belebten, derben Masern
Strecken sie Polypenfasern
Nach dem Wandrer. Und die Mäuse,
Tausendfärbig, scharenweise,
Durch das Moos und durch die Heide!
Und die Funkenwürmer fliegen
Mit gedrängten Schwärmezügen
Zum verwirrenden Geleite.
Aber sag mir, ob wir stehen
Oder ob wir weitergehen!
Alles, alles scheint zu drehen:
Fels und Bäume, die Gesichter
Schneiden, und die irren Lichter,
Die sich mehren, die sich blähen.

MEPHISTOPHELES. Fasse wacker meinen Zipfel!
Hier ist so ein Mittelgipfel,
Wo man mit Erstaunen sieht,
Wie im Berg der Mammon glüht.

FAUST. Wie seltsam glimmert durch die Gründe
Ein morgenrötlich-trüber Schein!
Und selbst bis in die tiefen Schlünde
Des Abgrunds wittert er hinein.
Da steigt ein Dampf, dort ziehen Schwaden,
Hier leuchtet Glut aus Dunst und Flor;
Dann schleicht sie wie ein zarter Faden,
Dann bricht sie wie ein Quell hervor.
Hier schlingt sie eine ganze Strecke
Mit hundert Adern sich durchs Tal,
Und hier in der gedrängten Ecke
Vereinzelt sie sich auf einmal.
Da sprühen Funken in der Nähe
Wie ausgestreuter goldner Sand.
Doch schau: in ihrer ganzen Höhe
Entzündet sich die Felsenwand!

MEPHISTOPHELES. Erleuchtet nicht zu diesem Feste
Herr Mammon prächtig den Palast?

Ein Glück, daß dus gesehen hast:
Ich spüre schon die ungestümen Gäste.

FAUST. Wie rast die Windsbraut durch die Luft!
Mit welchen Schlägen trifft sie meinen Nacken!

MEPHISTOPHELES. Du mußt des Felsens alte Rippen packen,
Sonst stürzt sie dich hinab in dieser Schlünde Gruft.
Ein Nebel verdichtet die Nacht.
Höre, wies durch die Wälder kracht!
Aufgescheucht fliegen die Eulen.
Hör, es splittern die Säulen
Ewig-grüner Paläste!
Girren und Brechen der Äste!
Der Stämme mächtiges Dröhnen!
Der Wurzeln Knarren und Gähnen!
Im fürchterlich-verworrenen Falle
Übereinander krachen sie alle,
Und durch die übertrümmerten Klüfte
Zischen und heulen die Lüfte.
Hörst du Stimmen in der Höhe?
In der Ferne? in der Nähe?
Ja, den ganzen Berg entlang
Strömt ein wütender Zaubergesang!

HEXEN *im Chor.* Die Hexen zu dem Brocken ziehn,
Die Stoppel ist gelb,die Saat ist grün.
Dort sammelt sich der große Hauf,
Herr Urian sitzt obenauf.
So geht es über Stein und Stock,
Es farzt die Hexe, es stinkt der Bock.

STIMME. Die alte Baubo kommt allein;
Sie reitet auf einem Mutterschwein.

CHOR.   So Ehre denn, wem Ehre gebührt!
Frau Baubo vor! und angeführt!
Ein tüchtig Schwein und Mutter drauf,
Da folgt der ganze Hexenhauf.

STIMME. Welchen Weg kommst du her?

STIMME.   Übern Ilsenstein!

Da guckt ich der Eule ins Nest hinein.
Die macht ein paar Augen!
STIMME.   O fahre zur Hölle!
Was reitst du so schnelle!
STIMME. Mich hat sie geschunden:
Da sieh nur die Wunden!
HEXEN. CHOR. Der Weg ist breit, der Weg ist lang,
    Was ist das für ein toller Drang!
    Die Gabel sticht, der Besen kratzt,
    Das Kind erstickt, die Mutter platzt.
HEXENMEISTER. HALBES CHOR. Wir schleichen wie die Schneck im Haus,
    Die Weiber alle sind voraus.
    Denn geht es zu des Bösen Haus,
    Das Weib hat tausend Schritt voraus.
ANDRE HÄLFTE. Wir nehmen das nicht so genau:
    Mit tausend Schritten machts die Frau;
    Doch wie sie auch sich eilen kann,
    Mit Einem Sprunge machts der Mann.
STIMME *oben*. Kommt mit, kommt mit vom Felsensee!
STIMMEN *von unten*. Wir möchten gerne mit in die Höh.
Wir waschen, und blank sind wir ganz und gar,
Aber auch ewig unfruchtbar.
BEIDE CHÖRE. Es schweigt der Wind, es flieht der Stern,
    Der trübe Mond verbirgt sich gern.
    Im Sausen sprüht das Zauberchor
    Viel tausend Feuerfunken hervor.
STIMME *von unten*. Halte! halte!
STIMME *von oben*. Wer ruft da aus der Felsenspalte?
STIMME *unten*. Nehmt mich mit! nehmt mich mit!
Ich steige schon dreihundert Jahr
Und kann den Gipfel nicht erreichen.
Ich wäre gern bei meinesgleichen.
BEIDE CHÖRE. Es trägt der Besen, trägt der Stock,
    Die Gabel trägt, es trägt der Bock;
    Wer heute sich nicht heben kann,
    Ist ewig ein verlorner Mann!

HALBHEXE *unten.* Ich tripple nach so lange Zeit;
Wie sind die andern schon so weit!
Ich hab zu Hause keine Ruh
Und komme hier doch nicht dazu.

CHOR DER HEXEN. Die Salbe gibt den Hexen Mut,
    Ein Lumpen ist zum Segel gut,
    Ein gutes Schiff ist jeder Trog:
    Der flieget nie, der heut nicht flog!

BEIDE CHÖRE. Und wenn wir um den Gipfel ziehn,
    So streichet an dem Boden hin
    Und deckt die Heide weit und breit
    Mit eurem Schwarm der Hexenheit!

                Sie lassen sich nieder.

MEPHISTOPHELES. Das drängt und stößt, das rutscht und klappert!
Das zischt und quirlt, das zieht und plappert!
Das leuchtet, sprüht und stinkt und brennt!
Ein wahres Hexenelement!
Nur fest an mir! sonst sind wir gleich getrennt.
Wo bist du?

FAUST *in der Ferne.* Hier!

MEPHISTOPHELES.   Was! dort schon hingerissen?
Da werd ich Hausrecht brauchen müssen.
Platz! Junker Voland kommt. Platz! süßer Pöbel, Platz!
Hier, Doktor, fasse mich! und nun in Einem Satz
Laß uns aus dem Gedräng entweichen:
Es ist zu toll, sogar für meinesgleichen!
Dortneben leuchtet was mit ganz besondrem Schein,
Es zieht mich was nach jenen Sträuchen:
Komm! komm! wir schlupfen da hinein.

FAUST. Du Geist des Widerspruchs! Nur zu! du magst mich führen.
Ich denke doch, das war recht klug gemacht:
Zum Brocken wandeln wir in der Walpurgisnacht,
Um uns beliebig nun hieselbst zu isolieren!

MEPHISTOPHELES. Da sieh nur: welche bunten Flammen!
Es ist ein muntrer Klub beisammen.

Im Kleinen ist man nicht allein.

FAUST. Doch droben möcht ich lieber sein!
Schon seh ich Glut und Wirbelrauch.
Dort strömt die Menge zu dem Bösen;
Da muß sich manches Rätsel lösen.

MEPHISTOPHELES. Doch manches Rätsel knüpft sich auch!
Laß du die große Welt nur sausen,
Wir wollen hier im Stillen hausen.
Es ist doch lange hergebracht,
Daß in der großen Welt man kleine Welten macht.
Da seh ich junge Hexchen, nackt und bloß,
Und alte, die sich klug verhüllen.
Seid freundlich, nur um meinetwillen!
Die Müh ist klein, der Spaß ist groß.
Ich höre was von Instrumenten tönen!
Verflucht Geschnarr! Man muß sich dran gewöhnen.
Komm mit! komm mit! Es kann nicht anders sein:
Ich tret heran und führe dich herein,
Und ich verbinde dich aufs neue. —
Was sagst du, Freund? das ist kein kleiner Raum:
Da sieh nur hin! du siehst das Ende kaum.
Ein Hundert Feuer brennen in der Reihe;
Man tanzt, man schwatzt, man kocht, man trinkt, man liebt —
Nun sage mir, wo es was Bessers gibt!

FAUST. Willst du dich nun, um uns hier einzuführen,
Als Zaubrer oder Teufel produzieren?

MEPHISTOPHELES. Zwar bin ich sehr gewohnt, inkognito zu gehn;
Doch läßt am Galatag man seinen Orden sehn.
Ein Knieband zeichnet mich nicht aus,
Doch ist der Pferdefuß hier ehrenvoll zu Haus.
Siehst du die Schnecke da? sie kommt herangekrochen;
Mit ihrem tastenden Gesicht
Hat sie mir schon was abgerochen:
Wenn ich auch will, verleugn ich hier mich nicht.
Komm nur! von Feuer gehen wir zu Feuer;
Ich bin der Werber, und du bist der Freier.

Zu einigen, die um verglimmende Kohlen sitzen.

Ihr alten Herrn,was macht ihr hier am Ende?
Ich lobt euch, wenn ich euch hübsch in der Mitte fände,
Von Saus umzirkt und Jugendbraus;
Genug allein ist jeder ja zu Haus.

GENERAL. Wer mag auf Nationen trauen,
Man habe noch so viel für sie getan!
Denn bei dem Volk wie bei den Frauen
Steht immerfort die Jugend obenan.

MINISTER. Jetzt ist man von dem Rechten allzu weit,
Ich lobe mir die guten Alten;
Denn freilich, da wir alles galten,
Da war die rechte goldne Zeit.

PARVENU. Wir waren wahrlich auch nicht dumm
Und taten oft, was wir nicht sollten;
Doch jetzo kehrt sich alles um und um,
Und eben da wirs fest erhalten wollten.

AUTOR. Wer mag wohl überhaupt jetzt eine Schrift
Von mäßig-klugem Inhalt lesen!
Und was das liebe junge Volk betrifft,
Das ist noch nie so naseweis gewesen.

MEPHISTOPHELES, *der auf einmal sehr alt erscheint.*
Zum Jüngsten Tag fühl ich das Volk gereift,
Da ich zum letztenmal den Hexenberg ersteige,
Und weil mein Fäßchen trübe läuft,
So ist die Welt auch auf der Neige.

TRÖDELHEXE. Ihr Herren, geht nicht so vorbei!
Laßt die Gelegenheit nicht fahren!
Aufmerksam blickt nach meinen Waren:
Es steht dahier gar mancherlei.
Und doch ist nichts in meinem Laden,
Dem keiner auf der Erde gleicht,
Das nicht einmal zum tüchtgen Schaden
Der Menschen und der Welt gereicht.
Kein Dolch ist hier, von dem nicht Blut geflossen,

Kein Kelch, aus dem sich nicht in ganz gesunden Leib
Verzehrend-heißes Gift ergossen,
Kein Schmuck, der nicht ein liebenswürdig Weib
Verführt, kein Schwert, das nicht den Bund gebrochen,
Nicht etwa hinterrücks den Gegenmann durchstochen.

MEPHISTOPHELES. Frau Muhme, sie versteht mir schlecht die Zeiten:
Getan, geschehn! Geschehn, getan!
Verleg Sie sich auf Neuigkeiten!
Nur Neuigkeiten ziehn uns an.

FAUST. Daß ich mich nur nicht selbst vergesse!
Heiß ich mir das doch eine Messe!

MEPHISTOPHELES. Der ganze Strudel strebt nach oben:
Du glaubst zu schieben, und du wirst geschoben.

FAUST. Wer ist denn das?

MEPHISTOPHELES.   Betrachte sie genau!
Lilith ist das.

FAUST.   Wer?

MEPHISTOPHELES.   Adams erste Frau.
Nimm dich in acht vor ihren schönen Haaren,
Vor diesem Schmuck, mit dem sie einzig prangt!
Wenn sie damit den jungen Mann erlangt,
So läßt sie ihn so bald nicht wieder fahren.

FAUST. Da sitzen zwei, die Alte mit der Jungen;
Die haben schon was Rechts gesprungen!

MEPHISTOPHELES. Das hat nun heute keine Ruh.
Es geht zum neuen Tanz: nun komm! wir greifen zu.

FAUST *mit der Jungen tanzend.*
          Einst hatt ich einen schönen Traum:
          Da sah ich einen Apfelbaum,
          Zwei schöne Äpfel glänzten dran;
          Sie reizten mich, ich stieg hinan.

DIE SCHÖNE. Der Äpfelchen begehrt ihr sehr,
          Und schon vom Paradiese her.
          Von Freuden fühl ich mich bewegt,
          Daß auch mein Garten solche trägt.

MEPHISTOPHELES *mit der Alten.*
Einst hatt ich einen wüsten Traum:
Da sah ich einen gespaltnen Baum,
Der hatt ein ungeheures Loch;
So groß es war, gefiel mirs doch.
DIE ALTE. Ich biete meinen besten Gruß
Dem Ritter mit dem Pferdefuß!
Halt Er einen rechten Pfropf bereit,
Wenn Er das große Loch nicht scheut.

PROKTOPHANTASMIST. Verfluchtes Volk! was untersteht ihr euch?
Hat man euch lange nicht bewiesen:
Ein Geist steht nie auf ordentlichen Füßen?
Nun tanzt ihr gar, uns andern Menschen gleich!

DIE SCHÖNE *tanzend.* Was will denn der auf unserm Ball?

FAUST *tanzend.* Ei! der ist eben überall.
Was andre tanzen, muß er schätzen.
Kann er nicht jeden Schritt beschwätzen,
So ist der Schritt so gut als nicht geschehn.
Am meisten ärgert ihn, sobald wir vorwärts gehn.
Wenn ihr euch so im Kreise drehen wolltet,
Wie ers in seiner alten Mühle tut,
Das hieß er allenfalls noch gut;
Besonders wenn ihr ihn darum begrüßen solltet.

PROKTOPHANTASMIST. Ihr seid noch immer da! nein, das ist unerhört.
Verschwindet doch! Wir haben ja aufgeklärt! —
Das Teufelspack, es fragt nach keiner Regel.
Wir sind so klug, und dennoch spukts in Tegel.
Wie lange hab ich nicht am Wahn hinausgekehrt,
Und nie wirds rein! das ist doch unerhört!

DIE SCHÖNE. So hört doch auf, uns hier zu ennuyieren!

PROKTOPHANTASMIST. Ich sags euch Geistern ins Gesicht:
Den Geistesdespotismus leid ich nicht!
Mein Geist kann ihn nicht exerzieren.
Es wird fortgetanzt.
Heut, seh ich, will mir nichts gelingen;

Doch eine Reise nehm ich immer mit
Und hoffe, noch vor meinem letzten Schritt
Die Teufel und die Dichter zu bezwingen.

MEPHISTOPHELES. Er wird sich gleich in eine Pfütze setzen:
Das ist die Art, wie er sich soulagiert,
Und wenn Blutegel sich an seinem Steiß ergetzen,
Ist er von Geistern und von Geist kuriert.
Zu Faust, der aus dem Tanz getreten ist.
Was lässest du das schöne Mädchen fahren,
Das dir zum Tanz so lieblich sang?

FAUST. Ach, mitten im Gesange sprang
Ein rotes Mäuschen ihr aus dem Munde!

MEPHISTOPHELES. Das ist was Rechts! das nimmt man nicht genau;
Genug, die Maus war doch nicht grau!
Wer fragt darnach in einer Schäferstunde!

FAUST. Dann sah ich —

MEPHISTOPHELES.　　　　Was?

FAUST.　　　　　　　　Mephisto, siehst du dort
Ein blasses, schönes Kind allein und ferne stehen?
Sie schiebt sich langsam nur vom Ort,
Sie scheint mit geschloßnen Füßen zu gehen.
Ich muß bekennen, daß mir deucht,
Daß sie dem guten Gretchen gleicht.

MEPHISTOPHELES. Laß das nur stehn! dabei wirds niemand wohl.
Es ist ein Zauberbild, ist leblos, ein Idol.
Ihm zu begegnen, ist nicht gut:
Vom starren Blick erstarrt des Menschen Blut,
Und er wird fast in Stein verkehrt;
Von der Meduse hast du ja gehört.

FAUST. Fürwahr, es sind die Augen eines Toten,
Die eine liebende Hand nicht schloß!
Das ist die Brust, die Gretchen mir geboten,
Das ist der süße Leib, den ich genoß!

MEPHISTOPHELES. Das ist die Zauberei, du leicht verführter Tor!
Denn jedem kommt sie wie sein Liebchen vor.

FAUST. Welch eine Wonne! welch ein Leiden!
Ich kann von diesem Blick nicht scheiden.
Wie sonderbar muß diesen schönen Hals
Ein einzig-rotes Schnürchen schmücken,
Nicht breiter als ein Messerrücken!
MEPHISTOPHELES. Ganz recht! ich seh es ebenfalls.
Sie kann das Haupt auch unterm Arme tragen;
Denn Perseus hats ihr abgeschlagen.
Nur immer diese Lust zum Wahn! —
Komm doch das Hügelchen heran:
Hier ists so lustig wie im Prater,
Und hat man mirs nicht angetan,
So seh ich wahrlich ein Theater!
Was gibts denn da?
SERVIBILIS.   Gleich fängt man wieder an:
Ein neues Stück, das letzte Stück von sieben;
So viel zu geben, ist allhier der Brauch.
Ein Dilettant hat es geschrieben,
Und Dilettanten spielens auch.
Verzeiht, ihr Herrn, wenn ich verschwinde:
Mich dilettierts, den Vorhang aufzuziehn.
MEPHISTOPHELES. Wenn ich euch auf dem Blocksberg finde,
Das find ich gut; denn da gehört ihr hin!

ÜBER DEN GRANIT

(Handschriftliches Fragment 1784)

Der Granit war in den ältesten Zeiten schon eine merkwürdige Steinart und ist es zu den unsrigen noch mehr geworden. Die Alten kannten ihn nicht unter diesem Namen. Sie nannten ihn Syenit, von Syene, einem Orte an den Grenzen von Äthiopien. Die ungeheuren Massen dieses Steines flößten Gedanken zu ungeheuren Werken den Ägyptiern ein. Ihre Könige errichteten der Sonne zu Ehren Spitzsäulen aus ihm, und von seiner rotgesprengten Farbe erhielt er in der Folge den Namen des Feurigbunten. Noch sind die Sphinxe, die Memnonsbilder, die ungeheuren Säulen die Bewunderung der Reisenden, und noch am heutigen Tage hebt der ohnmächtige Herr von Rom die Trümmer eines alten Obelisken in die Höhe, die seine allgewaltigen Vorfahren aus einem fremden Weltteile ganz herüberbrachten.

Die Neuern gaben dieser Gesteinsart den Namen, den sie jetzt trägt, von ihrem körnigen Ansehen, und sie mußte in unsern Tagen erst einige Augenblicke der Erniedrigung dulden, ehe sie sich zu dem Ansehen, in dem sie nun bei allen Naturkündigern steht, emporhob. Die ungeheuren Massen jener Spitzsäulen und die wunderbare Abwechslung ihres Kornes verleiten einen italienischen Naturforscher zu glauben, daß sie von den Ägyptiern durch Kunst aus einer flüssigen Masse zusammengehäuft seien.

Aber diese Meinung verwehte geschwind, und die Würde dieses Gesteins wurde von vielen trefflich beobachtenden Reisenden endlich befestigt. Jeder Weg in unbekannte Gebirge bestätigte die alte Erfahrung, daß das Höchste und das Tiefste Granit sei, daß diese Steinart, die man nun näher kennen und von andern unterscheiden lernte, die Grundfeste unserer Erde sei, worauf sich alle übrigen mannigfaltigen Gebirge hinauf gebildet. In den innersten Eingeweiden der Erde ruht sie unerschüttert, ihre hohen Rücken steigen empor, deren Gipfel nie das alles umgebende Wasser erreichte. So viel wissen wir von diesem Gesteine und wenig mehr. Aus bekannten Bestandteilen, auf eine geheimnisreiche Weise zusammengesetzt, erlaubt es ebensowenig seinen Ursprung aus Feuer wie aus Wasser herzuleiten. Höchst mannigfaltig in der größten Einfalt, wechselt seine Mischung ins Unzählige ab. Die Lage und das Verhältnis seiner Teile, seine Dauer, seine Farbe ändern sich mit jedem Gebirge, und die Massen eines jeden

Gebirges sind oft von Schritt zu Schritte wieder in sich unterschieden, und im ganzen doch wieder immer einander gleich. Und so wird jeder, der den Reiz kennt, den natürliche ,Geheimnisse für den Menschen haben, sich nicht wundern, daß ich den Kreis der Beobachtungen, den ich sonst betreten, verlassen und mich mit einer recht leidenschaftlichen Neigung in diesen gewandt habe. Ich fürchte den Vorwurf nicht, daß es ein Geist des Widerspruches sein müsse, der mich von Betrachtung und Schilderung des menschlichen Herzens, des jüngsten, mannigfaltigsten, beweglichsten, veränderlichsten, erschütterlichsten Teiles der Schöpfung zu der Beobachtung des ältesten, festesten, tiefsten, unerschütterlichsten Sohnes der Natur geführt hat. Denn man wird mir gerne zugeben, daß alle natürlichen Dinge in einem genauen Zusammenhange stehen, daß der forschende Geist sich nicht gerne von etwas Erreichbarem ausschließen läßt. Ja man gönne mir, der ich durch die Abwechslungen der menschlichen Gesinnungen, durch die schnellen Bewegungen derselben in mir selbst und in andern manches gelitten habe und leide, die erhabene Ruhe, die jene einsame stumme Nähe der großen, leise sprechenden Natur gewährt, und wer davon eine Ahnung hat, folge mir.

Mit diesen Gesinnungen nähere ich mich euch, ihr ältesten würdigsten Denkmäler der Zeit. Auf einem hohen nackten Gipfel sitzend und eine weite Gegend überschauend kann ich mir sagen: Hier ruhst du unmittelbar auf einem Grunde, der bis zu den tiefsten Orten der Erde hinreicht, keine neuere Schicht, keine aufgehäuften zusammengeschwemmten Trümmer haben sich zwischen dich und den festen Boden der Urwelt gelegt, du gehst nicht wie in jenen fruchtbaren schönen Tälern über ein anhaltendes Grab, diese Gipfel haben nichts Lebendiges erzeugt und nichts Lebendiges verschlungen, sie sind vor allem Leben und über alles Leben. In diesem Augenblicke, da die innern anziehenden und bewegenden Kräfte der Erde gleichsam unmittelbar auf mich wirken, da die Einflüsse des Himmels mich näher umschweben, werde ich zu höheren Betrachtungen der Natur hinaufgestimmt, und wie der Menschengeist alles belebt, so wird auch ein Gleichnis in mir rege, dessen Erhabenheit ich nicht widerstehen kann. So einsam, sage ich zu mir selber, indem ich diesen ganz nackten Gipfel hinabsehe und kaum in der Ferne am Fuße ein geringwachsendes Moos erblicke, so einsam sage ich, wird es dem Menschen zumute, der nur den ältsten, ersten, tiefsten Gefühlen der Wahrheit seine Seele eröffnen will. Ja, er kann zu sich sagen: hier auf dem ältesten ewigen Altare, der unmittelbar auf die Tiefe der Schöpfung gebaut ist, bring ich dem Wesen aller Wesen ein Opfer. Ich fühle die ersten festesten Anfänge unsers Daseins; ich überschaue die Welt, ihre schrofferen und gelinderen Täler und ihre fernen fruchtbaren Weiden, meine Seele wird über sich selbst und über alles erhaben und sehnt sich nach dem nähern Himmel. Aber bald ruft die brennende Sonne Durst und Hunger, seine menschlichen Bedürfnisse, zurück. Er sieht sich nach jenen Tälern um, über die sich sein Geist schon hinausschwang, er beneidet die Bewohner jener fruchtbareren quellreichen Ebnen, die auf dem Schutte und Trümmern von Irrtümern und Meinungen ihre glücklichen Wohnungen aufgeschlagen haben, den Staub ihrer Voreltern aufkratzen und das geringe Bedürfnis ihrer Tage in einem engen Kreise ruhig befriedigen. Vorbereitet durch diese Gedanken, dringt die Seele in die vergangenen Jahrhunderte hinauf, sie vergegenwärtigt sich alle Erfahrungen sorgfältiger Beobachter, alle Vermutungen feuriger Geister. Diese Klippe, sage ich zu mir selber, stand schroffer, zackiger, höher in die Wolken, da dieser Gipfel noch als eine meerumfloßne Insel in den alten Wassern dastand; um sie sauste der Geist, der über den Wogen brütete, und in ihrem weiten Schoße die höheren Berge aus den Trümmern des Urgebirges und aus ihren Trümmern und den Resten der eigenen Bewohner die späteren und ferneren Berge sich bildeten. Schon fängt das Moos zuerst sich zu erzeugen an, schon bewegen sich seltner die schaligen Bewohner des Meeres, es senkt sich das Wasser, die höhern Berge werden grün, es fängt alles an, von Leben zu wimmeln.

Aber bald setzen sich diesem Leben neue Szenen der Zerstörungen entgegen. In der Ferne heben sich tobende Vulkane in die Höhe; sie scheinen der Welt den Untergang zu drohen, jedoch unerschüttert bleibt die Grundfeste, auf der ich noch sicher ruhe, indes die Bewohner der fernen Ufer und Inseln unter dem untreuen Boden begraben werden. Ich kehre von jeder schweifenden Betrachtung zurück und sehe die Felsen selbst an, deren Gegenwart meine Seele erhebt und sicher macht. Ich sehe ihre Masse von verworrenen Rissen durchschnitten, hier gerade, dort gelehnt in die Höhe stehen, bald scharf übereinander gebaut, bald in unförmlichen Klumpen wie übereinander geworfen, und fast möchte ich bei dem ersten Anblicke ausrufen: hier ist nichts in seiner ersten alten Lage, hier ist alles Trümmer, Unordnung und Zerstörung. Ebendiese Meinung werden wir finden, wenn wir von dem lebendigen Anschauen dieser Gebirge uns in die Studierstube zurückziehen und die Bücher unserer Vorfahren aufschlagen.

Hier heißt es bald, das Urgebirge sei durchaus ganz, als wenn es aus einem Stücke gegossen wäre, bald, es sei durch Flözklüfte in Lager und Bänke getrennt, die durch eine große Anzahl Gänge nach allen Richtungen durchschnitten werden, bald, es sei dieses Gestein keine Schichten, sondern in ganzen Massen, die ohne das geringste Regelmäßige abwechselnd getrennt seien; ein anderer Beobachter will dagegen bald starke Schichten, bald wieder Verwirrung angetroffen haben. Wie vereinigen wir alle diese Widersprüche und finden einen Leitfaden zu ferneren Beobachtungen?

Dies ist es, was ich zu tun mir gegenwärtig vorsetze; und sollte ich auch nicht so glücklich sein, wie ich wünsche und hoffe, so werden doch meine Bemühungen andern Gelegenheit geben weiter zu gehen; denn bei Beobachtungen sind selbst die Irrtümer nützlich, indem sie aufmerksam machen und dem Scharfsichtigen Gelegenheit geben sich zu üben. Nur möchte eine Warnung hier nicht überflüssig sein, mehr für Ausländer, wenn diese Schrift bis zu ihnen kommen sollte, als für Deutsche: diese Gesteinsart von andern wohl unterscheiden zu lernen. Noch verwechseln die Italiener eine Lava mit dem kleinkörnigen Granit und die Franzosen den Gneis, den sie blättrigen Granit oder Granit der zweiten Ordnung nennen; ja, sogar wir Deutsche, die wir sonst in dergleichen Dingen so gewissenhaft sind, haben noch vor kurzem das Totliegende, eine zusammengebackene Steinart aus Quarz und Hornsteinarten und meist unter den Schieferflözen, ferner die graue Wacke des Harzes, ein jüngeres Gemisch von Quarz und Schieferteilen, mit dem Granit verwechselt.

Der Granit als Unterlage aller geologischen Bildung

Da wir von den Gebirgslagen reden wollen, in der Ordnung, wie wir solche auf- und nebeneinander finden, so ist es natürlich, daß wir von dem Granit den Anfang machen.

Denn es stimmen alle Beobachtungen, deren neuerdings so viele angestellt worden, darin überein, daß er die tiefste Gebirgsart unseres Erdbodens ist, daß alle übrigen auf und neben ihm gefunden werden, er hingegen auf keiner andern aufliegt, so daß er, wenn er auch nicht den ganzen Kern der Erde ausmacht, doch wenigstens die tiefste Schale ist, die uns bekannt geworden.

Es unterscheidet sich diese merkwürdige Gesteinsart dadurch von allen andern, daß sie zwar nicht einfach ist, sondern aus sichtbaren Teilen besteht;

jedoch zeigt der erste Anblick, daß diese Teile durch kein drittes Mittel verbunden sind, sondern nur an- und nebeneinander bestehn und sich selbst untereinander festhalten. Wir nennen diese voneinander wohl zu unterscheidenden Teile: Quarz, Feldspat, Glimmer, wozu noch manchmal einige als Schörl hinzukommen.

Wenn wir diese Teile genau betrachten, so kommt uns vor, als ob sie nicht, wie man es sonst von Teilen denken muß, vor dem Ganzen gewesen seien, sie scheinen nicht zusammengesetzt oder aneinander gebracht, sondern zugleich mit ihrem Ganzen, das sie ausmachen, entstanden. Und obgleich nur der Glimmer öfters in seiner sechsseitigen, tafelartigen Kristallisation erscheint, und Quarz und Feldspat, weil es ihnen an Raum gebrach, die ihnen eigenen Gestalten nicht annehmen konnten, so sieht man doch offenbar, daß der Granit durch eine lebendige, bei ihrem Ursprung innerlich sehr zusammengedrängte Kristallisation entstanden ist. — Es sei uns erlaubt, auf die Entstehung desselben und auf die Materie, woraus er entstanden, einige Schlüsse zu machen.

Da dem Menschen nur solche Wirkungen in die Augen fallen, welche durch eine große Bewegung und Gewaltsamkeit der Kräfte entstehen, so ist er jederzeit geneigt zu glauben, daß die Natur heftige Mittel gebraucht, um große Dinge hervorzubringen, ob er sich gleich täglich an derselben eines anderen belehren könnte. So haben uns die Poeten ein streitendes, uneinig tobendes Chaos vorgebildet.

Man hat von dem Körper der Sonne ungeheure Massen abschöpfen, ins Unendliche schleudern und so unser Sonnensystem erschaffen lassen.

Mein Geist hat keine Flügel, um sich in jene Uranfänge hervorzuschwingen. Ich stehe auf dem Granit fest und frage ihn, ob er uns einigen Anlaß geben wolle zu denken, wie die Masse, woraus er entstanden, beschaffen gewesen.

SONNENUNTERGANG AUF DEM BROCKEN

aus *Schriften zur Farbenlehre*

Auf einer Harzreise im Winter stieg ich gegen Abend vom Brocken herunter, die weiten Flächen auf- und abwärts waren beschneit, die Heide von Schnee bedeckt, alle zerstreut stehenden Bäume und vorragenden Klippen, auch alle Baum- und Felsenmassen völlig bereift, die Sonne senkte sich eben gegen die Oderteiche hinunter.

Waren den Tag über, bei dem gelblichen Ton des Schnees, schon leise violette Schatten bemerklich gewesen, so mußte man sie nun für hochblau ansprechen, als ein gesteigertes Gelb von den beleuchteten Teilen widerschien.

Als aber die Sonne sich endlich ihrem Niedergang näherte und ihr durch die stärkeren Dünste höchst gemäßigter Strahl die ganze mich umgebende Welt mit der schönsten Purpurfarbe überzog, da verwandelte sich die Schattenfarbe in ein Grün, das nach seiner Klarheit einem Meergrün, nach seiner Schönheit einem Smaragdgrün verglichen werden konnte. Die Erscheinung ward immer lebhafter, man glaubte sich in einer Feenwelt zu befinden, denn alles hatte sich in die zwei lebhaften und so schön übereinstimmenden Farben gekleidet, bis endlich mit dem Sonnenuntergang die Prachterscheinung sich in eine graue Dämmerung, und nach und nach in eine mond- und sternhelle Nacht verlor.

LITERATURVERZEICHNIS

Benzinger, Heinz: Torfhäuser im Brockengebiet. In: Archiv für Landes- und Volkskunde von Niedersachsen, Bd. 1943, S. 503 ff.

Bielschowsky, Albert: Goethe, Bd. I; 11. Aufl. München 1906.

Blumenhagen, Wilhelm (Hrsg.): Der Harz; Neudruck Koblenz o.J.

Bode, Wilhelm: Frau v. Branconi. In: Stunden mit Goethe, hrsg. von Wilhelm Bode; Berlin 1909, S. 14 ff.

Boerner, Peter: Einführung zum 2. Ergänzungsband der Goethe-Gedenkausgabe, hrsg. von Ernst Beutler; Zürich und Stuttgart 1949.

Bornemann, Manfred: Ilfeld — Goethes erste Station am Harz. In: Unser Harz, 25. Jg., S. 215 f.

Brockhaus: Reisehandbuch Der Harz; Leipzig 1971.

Brüning, Kurt, u. Schmidt, Heinrich (Hrsg.): Niedersachsen und Bremen. In: Handbuch der Historischen Stätten Deutschlands; Bd. II, 3. Aufl. Stuttgart 1969.

Bürger, K.: Goethe und die Baumannshöhle. In: Goethe und der Brocken. Sonderdruck aus der Zeitschrift des Harzvereins für Geschichte und Altertumskunde, Jg. 1928, 1. Heft, S. 45 ff.

Denecke, Rolf (Hrsg.): Romantische Harzreisen; Hildesheim 1969.

Denecke, Rolf: Gestalten deutscher Dichtung; 12. Aufl. Frankfurt/M. 1979.

Dennert, Friedrich: Goethe und der Harz; Quedlinburg 1920.

Dennert, Friedrich: Faust auf dem Brocken. In: Neue Folge des Jahrbuchs der Goethe-Gesellschaft, Bd. 13, 1951, S. 259 ff.

Dennert, Friedrich: Geschichte des Brockens und der Brockenreisen; Braunschweig 1954.

Dennert, Friedrich: Neues zu Goethes Harzreisen. In: Unser Harz, 6. Jg., H. 4, S. 5 f.

Dennert, Friedrich: Goethes zweite Brockenbesteigung. Ungedrucktes Manuskript im Besitz der Schriftleitung Unser Harz.

Dennert, Herbert: Eine Tischplatte von naturhistorischer Bedeutung. In: Unser Harz, 25. Jg., S. 212 f.

Dietert, Friedrich: Goethe im Harz; Wernigerode und Chorin 1920

Ebeling, Hans: Deutsche Geschichte; Bd. I. Braunschweig 1950.

Faulhaber, Georg: Ein zweihundertjähriger „Naturpark" bei Halberstadt. In: Unser Harz, 11. Jg., H. 12, S. 10 f.

Faulhaber, Georg: Ernst Ludwig Spiegel Freiherr zum Diesenberg — der Schöpfer der Spiegelsberge bei Halberstadt. In: Unser Harz, 12. Jg., H. 2, S. 7 ff.

Faulhaber, Georg: Jagdschloß Spiegelsberge und das große Weinfaß. In: Unser Harz, 14. Jg., S. 49 ff.

Fischer, Karl Berthold: Christoph Degen, Goethes Brockenführer 1777. In: Goethe und der Brocken. Sonderdruck aus der Zeitschrift des Harzvereins für Geschichte und Altertumskunde, Jg. 1928, 1. Heft, S. 129 ff.

Fischer, Karl Berthold: Der Goetheweg. In: Unser Harz, 25. Jg., S. 213 f.

Goethe, Johann Wolfgang: Werke, Gedenkausgabe, hrsg. von Ernst Beutler; Zürich und Stuttgart 1949.

Granzin, Martin: J. W. von Goethe bei Osterode (Harz). In: Unser Harz, 7. Jg., H. 4, S. 7 f.

Grosse, W.: Die Torfgewinnung am Brocken. In: Brocken-Silvester-Post 22.

Günther, Fr.: Der Harz; 2. Aufl. Bielefeld und Leipzig 1910.

Günther, Hermann: Der Okerturm im Schnittpunkt alter Verkehrswege. In: Unser Harz, 11. Jg., H. 10, S. 4 ff.

Gynz-Rekowski, Georg von: Wo wohnte Goethe in Wernigerode? In: Neue Folge des Jahrbuchs der Goethe-Gesellschaft, Bd. 31, 1969, S. 215 ff.

Haase, Hugo: Das Wasser-Wirtschaftssystem des Oderteichs zu St. Andreasberg im Harz; Clausthal-Zellerfeld 1965.

Herse, W.: Goethe in Wernigerode. In: Unser Harz, 25. Jg., S. 217 f.

Hoppe, Karl: Das Geistesleben in Braunschweig zur Zeit Lessings; Braunschweig 1929.

Hoppe, Karl: Goethes winterliche Brockenbesteigung 1777. In: Unser Harz, 5. Jg., H. 1, S. 4 ff.

Hoppe, Oscar: Die Bergwerke, Aufbereitungsanstalten und Hütten im Ober- und Unterharz; Clausthal 1883.

Humm, Albert: Aus längst vergangenen Tagen; Clausthal-Zellerfeld 1979.

Jacobs, Eduard: Der Brocken in Geschichte und Sage; Halle 1879.

Laub, Gerhard: Zu Goethes Sammlung von Felszeichnungen aus dem Harz. In: Der Aufschluß, 24. Jg., H. 4, S. 147 ff.

Laub, Gerhard: Brockenwanderung Goethes und Trebras 1783. In: Allgemeiner Harz-Bergkalender für das Jahr 1974, S. 53 ff.

Laub, Gerhard: Zu Goethes Bergbaustudien im Harz. In: Unser Harz, 25. Jg., S. 207 ff.

Lommatzsch, Herbert: Der Oberharz im Spiegel der Jahrhunderte; 4. Aufl. Clausthal-Zellerfeld 1976.

Lommatzsch, Herbert: Johann Friedrich Löwen und der Aberglaube. In: Unser Harz, 12. Jg., H. 4, S. 4 ff.

Lommatzsch, Herbert: Johann Friedrich Löwen. In: Unser Harz, 19. Jg., S. 229 ff.

Lommatzsch, Herbert: Harzreisen — einmal „von oben" gesehen. In: Unser Harz, 26. Jg., S. 205 ff.

Matthes, Dieter: Goethes Reise nach Helmstedt und seine Begegnung mit Gottfried Christoph Beireis. In: Braunschweigisches Jahrbuch, 49. Bd., S. 121 ff.

Meyer, Lothar: Einführung in die Geschichte der Bergstadt Clausthal-Zellerfeld; Clausthal-Zellerfeld 1972.

Mohr, Kurt: 400 Millionen Jahre Harzgeschichte; Clausthal-Zellerfeld o. J.

Pfeffer, Carl-August: Goethes erste Brockenbesteigung am 10. Dezember 1777. In: Unser Harz, 25. Jg., S. 203 ff.

Riechers, Albert: Friedrich Wilhelm Heinrich von Trebra. In: Unser Harz, 19. Jg., S. 6 ff.

Rimpau, W.: Frau von Branconi. In: Zeitschrift des Harzvereins für Geschichte und Altertumskunde, Jg. 1900, I. Hälfte, S. 1 ff.

Rosendahl, Erich: Geschichte Niedersachsens; Hannover 1927.

Sanders, Karl Wolfgang: Am Altar der Schöpfung. In: Hermann Kindt (Hrsg.), Goethes Harzerlebnis; Goslar 1949.

Schade, Rudolf (Hrsg.): Der Brocken; Braunschweig 1926.

Schmidt, Hans: Auf einer uralten Harzstraße von Oker nach Torfhaus. In: Unser Harz, 20. Jg., S. 128 f.

Schöne, Albrecht: Auguralsymbolik. Goethe, Auf dem Harz im Dezember 1777. In: Goethe-Jahrbuch, Bd. 96 der Gesamtfolge, S. 22 ff.

Semper, Max: Die geologischen Studien Goethes; Leipzig 1914.

Sieber, F. (Hrsg.): Stammeskunde des Harzlandes; Jena 1928.

Staiger, Emil: Goethe; 5. Aufl. Zürich und München 1978.

Stöwesand, Rudolf: Der Stifter der Stifter; Historie der Naumburger Dreizehn; Clausthal-Zellerfeld 1959.

Streitparth, Helmut: Goethe und Lauterberg. In: Unser Harz, 19. Jg., S. 109 f.

Trommsdorf, H.: Friedrich Wilhelm Heinrich von Trebra. In: Goethe und der Brocken. Sonderdruck aus der Zeitschrift des Harzvereins für Geschichte und Altertumskunde, Jg. 1928, 1. Heft, S. 17 ff.

Tümmler, Hans: Goethe als Staatsmann; Zürich und Frankfurt 1976.

Tümmler, Hans: Carl August von Weimar, Goethes Freund; Stuttgart 1978.

Viehoff, Heinrich: Goethes Leben; 4. Aufl. Stuttgart 1877.

Vladi, F.: Führer durch die Einhornhöhle bei Scharzfeld im Südharz; Scharzfeld 1979.

Wahl, Hans: Goethe und Ilmenau. In: Alles um Goethe; Weimar 1956.

Wanckel, Carl Otto: Das Torfhaus. In: Allgemeiner Harz-Bergkalender für das Jahr 1977, S. 27.

Wieries, Richard: Geschichte des Amtes Harzburg nach seinen Forst-, Flur- und Straßennamen; 2. Auflage. Braunschweig o. J.

Wille, Louis: Rings um den Brocken; Bad Harzburg 1963.

Zeitler, Julius (Hrsg.): Goethe-Handbuch, 4 Bde.; Stuttgart 1916 und 1956.

PERSONENREGISTER

Wedel, O. J. M. von 56
Werner, A. G. 75, 78, 80
Werthes, F. A. C. 11, 12
Wieland, Chr. M. 3, 12, 16, 17, 23

Wolf, Friedrich August 137

Zimmermann, J. G. von 13

ORTSREGISTER

173

174

KALENDER ZU GOETHES HARZREISEN
(nach Friedrich Dennert)

1. Harzreise (1777)

November
29. Weimar — Greußen (Thür.)
30. Greußen (Thür.) — Ilfeld
Dezember
1. Ilfeld — Elbingerode — Rübeland — Elbingerode
2. Elbingerode — Rübeland — Elbingerode
3. Elbingerode — Wernigerode
4. Wernigerode — Goslar
5. Goslar
6. Goslar — Oker — Goslar
7. Goslar — Clausthal
8. Clausthal
9. Clausthal — Altenau
10. Altenau — Torfhaus — Brocken — Torfhaus
11. Torfhaus — Clausthal
12. Clausthal — St. Andreasberg
13. St. Andreasberg — Duderstadt
14. Duderstadt — Mühlhausen (Thür.)
15. Mühlhausen (Thür.) — Eisenach
16. Eisenach — Weimar

2. Harzreise (1783)

September
6. (?) Abreise von Weimar
8. (?) Ankunft in Langenstein (bei Halberstadt)
9. Langenstein
10. Langenstein
11. Langenstein — Blankenburg
12. Blankenburg — Rübeland — Langenstein
13. Langenstein — Halberstadt
14. Halberstadt
15. Halberstadt
16. Halberstadt
17. Halberstadt
18. Halberstadt — Zellerfeld

19. Zellerfeld
20. Zellerfeld
21. Zellerfeld — Torfhaus — Brocken (Heinrichshöhe)
22. Brocken (Heinrichshöhe) — Schierke — Elend — St. Andreasberg
23. St. Andreasberg — Zellerfeld
24. Zellerfeld
25. Zellerfeld
26. Zellerfeld — Göttingen
Oktober
6. (?) Ankunft in Weimar (nach Aufenthalt in Göttingen u. Kassel)

3. Harzreise (1784)

August
7. od. 8. Weimar — Dingelstädt (Eichsfeld)
9. Dingelstädt (Eichsfeld) — Lauterberg
10. Lauterberg — Osterode — Clausthal-Zellerfeld
11. Clausthal-Zellerfeld
12. Clausthal-Zellerfeld — Wildemann — Grund — Clausthal-Zellerfeld
13. Clausthal-Zellerfeld
14. Clausthal-Zellerfeld — Hanskühnenburg — Clausthal-Zellerfeld
15. Clausthal-Zellerfeld — Goslar
16. Goslar — Braunschweig
17.—31. Braunschweig
September
1. Braunschweig — Goslar
2. Goslar — Oker (oder Goslar)
3. Oker (oder Goslar) — Torfhaus — Brocken (Heinrichshöhe)
4. Brocken (Heinrichshöhe) — Schierke
5. Schierke — Elbingerode
6. Elbingerode
7. Elbingerode — Wendefurt
8. Wendefurt — Thale (?)
9. ?
10. ? — Teufelsmauer (bei Neinstedt) — ?
11. ? — Blankenburg — Rübeland — Blankenburg — Langenstein
12. Langenstein
13. Langenstein
14. (?) Abreise von Langenstein
16. (?) Ankunft in Weimar

Braunschweig

Goslar

Oker

OKER

Wildemann

Zellerfeld

Altenau

Torfhaus

BROCK

Clausthal

Grund

Osterode

Hanskühnenburg

St. Andreasberg

Herzberg

ODER

Scharzfeld

Lauterberg

Duderstadt

3
1784

Halberstadt

Langenstein

Wernigerode

Blankenburg

Elbingerode

ke

end

Mandelholz

Rübeland

Wendefurt

Thale

Roßtrappe

BODE

RAPPBODE

1783

2

Jlfeld

Niedersachswerfen

77

1

Nordhausen

Sundhausen